韓國漢文選讀

임유경

이화여자대학교 국어국문학과를 졸업하고 동 대학원에서 박사학위를 받았다.
현재 대구가톨릭대학교 한국어문학부에 재직 중.
저서로 『대장부의 삶』(역사의 아침, 2007)이 있다.

韓國漢文選讀

1판 1쇄 발행_2011년 08월 10일
1판 1쇄 발행_2011년 08월 20일

편 저_임유경
펴낸이_홍정표

펴낸곳_글로벌콘텐츠
등 록_제25100-2008-24호

공급처_(주)글로벌콘텐츠출판그룹
이 사_양정섭
디자인_김미미
기획·마케팅_노경민 주재명
경영지원_최정임
주 소_서울특별시 강동구 길동 349-6 정일빌딩 401호
전 화_02-488-3280
팩 스_02-488-3281
블로그_http://www.gcbook.co.kr
이메일_edit@gcbook.co.kr

값 8,000원
ISBN 978-89-93908-33-6 03810

· 이 도서의 국립중앙도서관 출판시도서목록(CIP)은 e-CIP홈페이지(http://www.nl.go.kr/ecip)와 국가자료공동목록시스템(http://www.nl.go.kr/kolisnet)에서 이용하실 수 있습니다.(CIP제어번호: CIP2011003522)

韓國漢文選讀

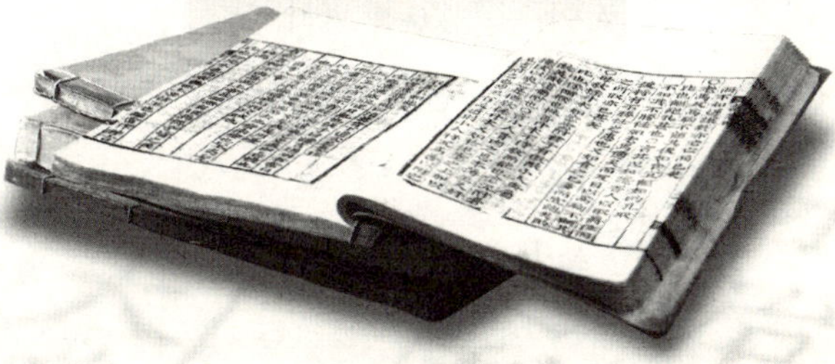

임유경

글로벌콘텐츠

한문은 우리를 과거와 연결해주는 통로가 된다. 현재의 우리를 있게 한 과거의 전통문화와 역사를 알기 위해서는 어느 정도 한문을 알아야 한다. 최근에는 우리의 한문학이 일반인에게도 많이 알려져 그 가치를 인정받고 있다. 이미 몇 백 년 전에 나온 글에 우리가 공감할 수 있다는 것만으로도 한문학은 충분히 되살릴 가치가 있는 문화유산이다. 옛 사람의 글의 향기를 직접 맡고 싶어서 한문으로 된 원문을 읽고자 하는 독자들의 요구도 점차 높아지고 있다. 점차 한문이 어렵게 느껴지는 시대를 살고 있기에 한문을 좀 더 친숙하게 만들고 쉽게 읽을 수 있는 방법을 고심하게 된다. 한문은 문법 위주로 공부하는 것보다 한문 작품을 많이 읽어 여러 가지 쓰임새가 머릿속에 축적되는 것이 더 효과적이다. 좋은 문장을 반복해서 익히다보면 한문이 어렵다는 생각을 지울 수 있을 것이다.

이 책은 한국한문학의 작품을 한시와 역사 전기, 문헌설화와 논설, 문예문 등으로 나누어 원문을 먼저 싣고 번역문을 달았다. 수없이 많은 한문학 작품 중에 몇 작품만 고른다는 건 쉬운 일이 아니지만 앞부분의 한시와 기초가 될 만한 짧은 한문 문장에서 시작하여 뒤로 갈수록 조금씩 수준이 높아지도록 했다. 한문 원전을 쉽게 접할 수 있게 주석을 달아 해당 문장 속에서의 뜻을 새겨두었다.

어느 정도 한문에 익숙해지면 우리 조상들이 남긴 명문장을 통해 그들의 꿈과 생각을 느낄 수 있다. 그러는 중에 부쩍 한문과 친숙해져 있을 것이다. 아무쪼록 이 책을 통해 한문도 배우고 고전 작품도 읽는 일거양득의 효과를 얻을 수 있게 되기를 기대해본다.

좋은 책이 되도록 애써주신 글로벌콘텐츠의 노경민 선생에게 깊은 감사를 표한다.

1부 漢詩

2부 歷史 傳記

3부 文獻說話

4부 論說 및 文藝文

1부

漢詩

1. 詠孤石

定法師

迥石直生空　平湖四望通

岩根恒灑浪　樹杪鎮搖風

偃流還漬影　侵霞更上紅

獨拔群峰外　孤秀白雲中

▶▶▶ **해설**

定法師는 고구려의 승려로 중국의 北周(북주)에 들어가 標法師(표법사)와 종유하였다. 이 시는 중국에서 쓴 것으로 작자 자신의 깨끗한 모습을 외로운 돌에 비유하였다. 마지막 尾聯(미련)이 빼어난 기상을 표현하였다 하여 北方人의 기개가 보인다는 평을 들었다.

우뚝 선 바위 허공에 곧게 솟아 있고
넓은 호수 사방으로 통했네.
바위 밑에는 언제나 물결이 부서지고
나무 끝은 늘 바람에 흔들린다.
물결 잦아들자 다시 그림자 잠기고
노을 젖어드니 바위 끝 또 붉어진다.
홀로 우뚝 뭇 봉우리 제치고
흰 구름 속에 외로이 빼어났구나.

어휘

迥石(형석) : 높은 바위
浪(랑) : 물결, 파도
偃流(언류) : 물결이 가라앉다
灑(쇄) : 뿌리다, 물결치다
樹杪(수초) : 나무 끝
侵霞(침하) : 노을이 젖어들다

2. 夜聽擣衣聲

楊泰師

霜天月照夜河明　　客子思歸別有情

厭坐長宵愁欲死　　忽聞鄰女擣衣聲

聲來斷續因風至　　夜久星低無暫止

自從別國不相聞　　今在他鄕聽相似

▶▶▶ **해설**

양태사는 발해의 시인이다. 이 시는 발해의 사신으로 일본에 갔다가 당대 문사들이 모여 연회를 베풀면서 수작할 때 지은 시로 〈日本記〉에 전한다.

가을 하늘에 달 비치고 은하수 밝아
나그네는 돌아갈 생각에 남다른 정이 솟네.
긴 밤 앉았기 지루하고 시름도 겨운데
문득 들려오는 이웃 아낙의 다듬이 소리
끊어질 듯 이어지며 바람 따라 들리는데
밤 깊어 별 지도록 잠시도 멈추지 않네.
고국 떠나온 뒤로는 들어보지 못했더니
오늘밤 타향에서 듣는 소리 예전과 비슷하구나.

어휘

霜天(상천) : 가을 하늘
河(하) : 은하수
厭(염) : 싫증나다
長宵(장소) : 긴 밤
擣衣聲(도의성) : 다듬이질 소리
星低(성저) : 별이 지다

3. 秋夜雨中

崔致遠

秋風唯苦吟　　擧世少知音

窓外三更雨　　燈前萬里心

가을바람에 오직 애써 시만 읊을 뿐
온 세상에 나를 알아주는 이 적구나.
창밖엔 한 밤중 비가 내리고
등불 앞에 내 마음 만 리를 향하누나.

어휘

苦吟(고음) : 애써 읊조리다, 시를 짓다

擧世(거세) : 온 세상

知音(지음) : 나를 알아주는 친구. 백아(伯牙)아 종자기(鍾子期)를 두고 '나의 음악을 알아주는 사람은 종자기 뿐이다.'라고 한 '백아절현(伯牙絕絃)'의 고사에서 유래한다.

三更雨(삼경우) : 한 밤중에 비가 내리다. 삼경은 밤 11시에서 새벽 1시 사이

4. 送人

鄭知常

庭前一葉落　　床下百蟲悲

忽忽不可止　　悠悠何所之

片心山盡處　　孤夢月明時

南浦春波綠　　君休負後期

뜰 앞에 낙엽 한 잎 떨어지니
평상 아래 온갖 벌레 슬피 울어대네.
훌훌 떠나는 걸음 말릴 수 없네만
유유히 그대 어디로 가는가.
내 마음 언제나 산이 다한 곳에 있건만
달 밝은 날 외로운 꿈속에서나 그대 보려나.
남포에 봄 물결 푸르러지거든
그대여 다시 만나자던 약속 잊지 마오.

어휘

白蟲悲(백충비) : 온갖 벌레 울어댄다

忽忽(홀홀) : 사물을 돌아보지 않는 모양

悠悠(유유) : 아득히, 대단히 먼 모양

何所之(하소지) : 가는 곳이 어디냐?

休負(휴부) : 저버리지 말라

5. 盤陀石

李滉

黃濁滔滔便隱形　安流帖帖始分明

可憐如許奔衝裏　千古盤陀不轉傾

▶▶▶ **해설**

바위가 물의 흐름에 따라 모습을 드러냈다가 숨겼다가 하는 것에 비유하여 인간의 곧은 마음과 곧은 행적을 시로 표현하였다. 자연물을 통해 인간의 심성을 노래한 산수시인으로서의 특징이 잘 드러나 있다.

누렇고 탁한 물이 도도하게 흘러오면 모습을 감추다가
잔잔한 물이 흐르면 비로소 분명히 나타난다.
기특하구나, 날뛰며 부딪치는 물결 속에서
천년동안 반타석은 기울지 않았으니.

어휘

盤陀石(반타석) : 너럭바위. 윗 면이 대략 말안장 모양을 하고 있는 바윗돌

帖帖(첩첩) : 안정된 모양. 여기서는 물이 잔잔히 흐르는 모양

可憐(가련) : 어여쁘다

如許(여허) : 이와 같은

6. 思 親

申師任堂

千里家山萬疊峯　　歸心長在夢魂中

寒松亭畔孤輪月　　鏡浦臺前一陣風

沙上白鷺恒聚散　　波頭漁艇各西東

何時重踏臨瀛路　　綵服斑衣膝下縫

천리 먼 곳 고향 산 첩첩산중을
돌아가고 싶은 마음은 항상 꿈속을 헤맨다.
한송정 가엔 외로운 둥근 달이 뜨고
경포대 앞에는 한바탕 바람이 분다.
모래 위의 백로는 항상 모였다가 흩어지고
물마루의 고깃배들은 각기 동서로 오간다.
어느 때나 다시 강릉 가는 길을 밟아 가서
비단 색동옷 입고 부모님 슬하에서 바느질해보려나.

어휘

聚散(취산) : 모였다가 흩어지다

臨瀛(임영) : 강원도 강릉시의 옛 이름

膝下(슬하) : '무릎 아래'라는 뜻으로, '어버이의 곁'을 말한다

縫(봉) : 바느질하다

7. 踰大關嶺望親庭

申師任堂

慈親鶴髮在臨瀛　　身向長安獨去情

回首北村時一望　　白雲飛下暮山青

어머니는 흰 머리로 강릉에 그냥 계신데
내 몸은 서울 향해 홀로 가는 이 마음
머리 돌려 북촌을 때때로 한 번씩 바라보니
흰 구름만 날아 앉고 해 저무는 산은 푸르구나.

어휘

臨瀛(임영) : 강원도 강릉시의 옛 이름
長安(장안) : 중국 唐(당)의 수도였으나, 일반적으로 '서울'을 가리킨다
暮山(모산) : 해가 저무는 산

8. 浮碧樓

李 穡

昨過永明寺　　暫登浮碧樓

城空月一片　　石老雲千秋

麟馬去不返　　天孫何處遊

長嘯倚風磴　　山靑江自流

▶▶▶ **해설**

이 작품은 허망하게 자취만 남은 옛 고구려의 사적을 보며 서글픈 감회를 읊은 회고시다. 이야기로 남은 주몽의 신화는 기린마를 타고 큰 바위에 올라서서 하늘에 조회를 드렸다는 조천석만 남겨놓은 채 수많은 세월 동안 무상하게 흘러가 버렸다. 인생은 유한하고 그에 비해 산과 강물은 변함없이 그대로라는 대비를 통해 강한 주제의식을 보여 준다. 李穡 시의 호방한 맛을 보여주는 대표작이다.

어제 영명사를 지나가다가
잠시 부벽루에 올랐다.
성은 텅 비어 달 한 조각만 떠 있고
오래된 돌 위에 천 년의 구름이 흐른다.
기린마는 떠나간 뒤 돌아오지 않는데
천손은 지금 어디에서 노니는가.
돌다리에 기대어 길게 휘파람 부니
산은 푸르고 강은 절로 흐른다.

어휘

永明寺(영명사) : 평양의 부벽루 서쪽 기린굴 위에 있던 절

麟馬(인마) : 기린마. 주몽신화에서 주몽이 기린마를 타고 하늘에 조회하러 갔는데, 나이 사십 세에 이르러 승천한 후 돌아오지 않았다고 한다. 영명사 아래 기린굴이 있음.

天孫(천손) : 주몽을 가리킴

長嘯(장소) : 길게 휘파람을 불다

風磴(풍등) : 돌로 만든 무지개 다리

9. 山

元天錫

直道難容世路間　　一生蹤跡寄湖山

高吟大醉乾坤裏　　笑看孤雲尙未閑

곧은 도는 세상에서 받아들여지기 어려우니
일생의 발자취를 산과 호수에 맡겼다.
천지 속에서 큰 소리로 시 읊으며 한껏 취하여
외로운 구름이 한가하지 않음을 웃으며 바라본다.

어휘

寄(기) : 깃들다, 부치다, 맡기다

乾坤(건곤) : 天地

10. 旅 寓 --洪武丁巳奉使日本作

鄭夢周

平生南與北　心事轉蹉跎

故國海西岸　孤舟天一涯

梅窓春色早　板屋雨聲多

獨坐消長日　那堪苦憶家

▶▶▶ **해설**

일본에 사신으로 가서 지은 연작시 가운데 네 번째 시이다. 멀리 일본에 와 고향에 돌아가고 싶지만 고국은 너무 멀리 떨어져 있다. 매화가 핀 창 앞이라 봄이 일찍 오고 고향 생각은 더 간절한데 판자 지붕이어서 비오는 소리는 더 요란스러우니 마음이 괴롭다.

평생을 남쪽으로 또 북쪽으로 돌아다니니
마음과 일이 점점 어긋나네.
고국은 바다 서쪽 기슭에 있고
외로운 배만 하늘 한 끝에 있다.
매화 핀 창은 봄빛이 일찍 이르고
판잣집은 빗소리가 요란하다.
홀로 앉아서 긴 날을 보내노니
집 생각나는 괴로움 어이 견딜까.

어휘

蹉跎(차타) : 시기를 놓치고 시간을 헛되이 보냄.

梅窓(매창) : 매화 피는 창

板屋(판옥) : 판잣집. 일본가옥의 특색을 나타냄.

11. 春 興

鄭夢周

春雨細不滴　　夜中微有聲

雪盡南溪漲　　草芽多少生

봄비가 가늘어 물방울도 생기지 않더니
밤중에 작은 소리가 들리네.
눈 녹아 남쪽 시내가 불어나니
풀의 싹은 얼마나 나왔으려나.

어휘

漲(창) : 물이 넘쳐나다
芽(아) : 싹. 맹아

12. 詠半月

黃眞伊

誰斲崑山玉　　裁成織女梳

牽牛一去後　　愁擲碧空虛

누가 곤륜산의 옥을 깎아서
직녀의 빗을 만들었는가.
견우가 한 번 떠난 뒤에는
시름겨워 창공에 던져두었네.

어휘

崑山(곤산) : '곤륜산'을 가리킨다

梳(소) : 빗

擲(척) : 던지다

13. 福靈寺

朴 誾

伽藍却是新羅舊　千佛皆從西竺來
終古神人迷大隗　至今福地似天台
春陰欲雨鳥相語　老樹無情風自哀
萬事不堪供一笑　青山閱世只浮埃

▶▶▶ **해설**

1502년에 지어진 시로 朴誾(박은)의 대표작이다. 박은은 해동강서시파로 불리는데, 이 시의 頷聯(함련)이 매우 까다로운 구절로 난해한 강서시파의 면모를 보인다. 頸聯(경련)은 神助(신조)가 없이는 짓지 못했을 것이라는 평을 듣는 名句(명구)로 알려져 있다.

伽藍은 실로 신라의 옛 절이다.

천불은 모두 인도에서 모셔온 것.

옛날 신인이 대외 만나려다 길을 잃었거니와.

지금 이 복지도 천태와 비슷하구나.

봄 날 흐려 비 오려 하니 새들이 먼저 지저귄다.

늙은 나무는 무정한데 바람만 스스로 슬프구나.

세상만사는 한번 웃음거리도 못되지만.

청산도 세상을 겪느라 먼지 위에 떠 있네.

어휘

福靈寺(복령사) : 개성 송악산에 있던 절

伽藍(가람) : 절

西竺(서축) : 인도

大隗(대외) : 大塊(대괴), 신의 이름

福地(복지) : 신선이 사는 곳, 도관

天台 : 중국의 천태산, 신선들이 사는 곳

閱世(열세) : 세상을 겪는다는 뜻

埃(애) : 먼지, 티끌, 세속

14. 閨 情

李玉峯

有約郎何晩　　庭梅落已多

忽聞枝上鵲　　虛畵鏡中蛾

약속해놓고도 어찌 이리 늦으시나.
정원의 매화는 벌써 많이 떨어졌는데
홀연히 나뭇가지 위에 까치 우는 소리 들리니
헛되이 거울 보며 눈썹을 그린다.

어휘

鵲(작) : 까치

蛾(아) : '나방(애벌레)'란 뜻으로, 눈썹에 비유하였다.
『대동시선』에는 眉(미)로 되어있다.

15. 八月十五夜

李 荇

平生交舊盡凋零　　百髮相看影與形

正是高樓明月夜　　笛聲凄斷不堪聽

평생 사귄 옛 친구들 모두 먼저 떠나고
흰 머리 내 몸과 그림자가 서로 마주본다.
지금처럼 달 밝은 밤 누대에 오르니
피리소리 처량하여 차마 듣지 못하겠다.

어휘

凋零(조령) : 凋落(조락), 零落(영락), 시들고 보잘것없이 되다

笛聲(적성) : 피리 소리

16. 無 爲

李彦迪

萬物變遷無定態　　一身閑適自隨時

年來漸省經營力　　長對青山不賦詩

만물이 변천하는데 정해진 태가 없다.

나의 몸이 한적하여 스스로 때를 따라간다.

요즘에는 점차 세상살이의 힘도 떨어지니

길게 청산 바라보며 시도 짓지 않는다.

어휘

省(생) : 덜다. 생략. 간략하다.

經營力(경영력) : 일을 도모하는 힘

賦詩(부시) : 시를 지어 읊음

17. 詠井中月

李奎報

山僧貪月色　　幷汲一甁中

到寺方應覺　　甁傾月亦空

산에 사는 스님이 달빛을 탐하여
물과 함께 한 병에 긷고 있네.
절에 가면 바야흐로 깨달으리라.
병을 기울이면 달빛도 사라진다는 것을.

18. 花石亭

李 珥

林亭秋已晩　　騷客意無窮

遠水連天碧　　霜楓向日紅

山吐孤輪月　　江含萬里風

塞鴻何處去　　聲斷暮雲中

숲 속 정자에 가을이 벌써 깊어 가는데
시인의 뜻이 무궁하다.
멀리 있는 물은 푸른 하늘과 맞닿아있고
서리 맞은 단풍은 해를 향해서 붉도다.
산은 외로운 보름달을 토해내고
강은 만리 바람을 품고 있다.
저 요새의 기러기는 어디로 가느냐.
새소리 저녁 구름 사이로 사라지는구나.

어휘

花石亭(화석정) : 파주군 율곡리 임진강가에 있는 정자
騷客(소객) : 시인

19. 望南家吟

李奎報

南家富東家貧　　南家歌舞東家哭

歌舞何最樂　　賓客盈堂酒萬斛

哭聲何最悲　　寒廚七日無烟綠

東家之子望南家　　大嚼一聲如裂竹

君不見

石將君日擁紅粧醉金谷　　不若首山餓夫淸名千古獨

어휘

斛(곡) : 곡식을 되는 그릇의 하나, 1곡은 10말에 해당하는 분량

廚(주) : 부엌

烟綠(연록) : '연기'를 말한다

石將君(석장군) : 중국 진나라 때의 큰 부자이며 문장가인 석숭(石崇)을 말한다. 항해와 무역으로 돈을 벌어 부귀와 영화로움이 비길 데가 없었다고 한다.

남쪽 집은 부자요 동쪽 집은 가난한데,

남쪽 집에선 노래와 춤 흐드러지고 동쪽 집에선 목놓아 우네.

노래와 춤 어찌 저리도 즐거운가.

손님이 집안 가득하고 술도 만 섬이나 되네.

우는 소리 어찌 저리도 슬픈가.

싸늘한 부엌엔 이레 동안 연기 한 번 안 나네.

동쪽 집 아이가 남쪽 집 바라보니

고기 썹는 소리 대 쪼개듯 요란하네.

그대는 보지 못했는가?

석숭이 날마다 미녀 끼고 금곡에서 취해 지냈지만

그보다는 백이와 숙제의 맑은 이름이 천고에 우뚝 빛나는 것을!

紅粧(홍장) : 원래는 '미인의 화장'을 일컫는 말이지만 여기에서는 '아름다운 여인', 즉 '미인'을 말한다.

金谷(금곡) : 석숭(石崇)이 금곡에 별관이 있어 금곡원(金谷園)이라 하였다. 석숭은 금곡원에서 기생들이 손님들에게 술을 권하지 않을 경우에는 죽이기까지 하였다고 한다.

首山餓夫(수산아부) : 수양산(首陽山)에서 고사리로 연명하다 굶어죽은 은나라의 백이와 숙제를 말한다.

20. 呼耶歌

李石亨

呼耶呼耶在南北	呼耶之聲何時息
千人輪一木	萬人轉一石
華山之石拔幾盡	白雲之木斫幾禿
石盡山禿寧可虞	塡坑仆谷民可惜
民可惜誰能識	惡卒捶督如電擊
朝未食夕未飱	可憐腰間空垂槖
猶唱呼耶口吻燥	口燥喉嗄聲難作
聲衰力盡一僵仆	塵飛濺血萬人足
我願天公生大材	不置山林置君側
作我堂堂大厦之柱石	不勞萬姓力
不爲萬姓瘼	莫使呼耶在山谷

남에서도 어영차, 북에서도 어영차!
영차영차 소리는 어느 때나 그치려나.
천 명 일꾼들 나무 하나 나르고
만 명 일꾼들 큰 돌 하나 옮겨오네.
삼각산의 돌을 죄다 뽑아 오는 건지
백운대의 나무들은 거의 헐벗을 지경이네.
돌 다 캐고 민둥산 되는 거야 어찌 근심하리오.
구덩이에 넘어지고 골짜기에 뒹구는 백성들이 불쌍하지.
불쌍한 백성들 뉘라서 알아주나.
사나운 병졸들 벼락 치듯 채찍질이라,
아침도 먹지 못하고 저녁도 굶었는데,
가련하다 허리춤에 빈 자루만 차고서는
영차 소리 내느라고 입술은 타 들어가,
입이 타고 목은 쉬어 소리 내기도 어렵구나.
목도 쉬고 힘은 다해 하나같이 쓰러지니
백성들 다리에 먼지 날리고 피 흐르는구나.
내 바라나니, 하늘이 큰 재목을 낼 적에
산 속에 두지 마시고 임금 곁에 두시어서,
당당한 큰 집의 주춧돌이 되게 하소서.
백성들을 수고롭게 하지 않고

백성들의 고통이 되지 않게 하여

산골짝에서 영차 소리 나지 않게 하소서.

어휘

呼耶(호야) : 일꾼들이 힘든 일을 함께 하면서 손발을 맞추기 위해 내는 '엿차, 영차, 어호야' 같은 소리를 가리킴. 따라서 이 시의 제목은 '엿차엿차 하는 노래' 혹은 '영차영차 하는 노래' 등으로 볼 수 있다.

華山(화산) : 서울의 삼각산(三角山)을 가리킨다.

白雲(백운) : 삼각산의 백운대를 가리킨다.

禿(독) : 벗겨지다

虞(우) : 염려하다

塡坑仆谷(전갱부곡) : 구렁을 메우고 골짜기에 넘어지다.

捶(추) : 매질하다

飧(손) : 저녁밥

槖(탁) : 전대, 자루

吻(문) : 입술

嗄(사) : 목 잠기다

聲難作(성난작) : 소리를 내기가 어렵다.

僵(강) : 쓰러지다

濺(천) : 뿌리다

堂堂(당당) : 위엄 있고 훌륭한 모양

廈(하) : 큰집

瘼(막) : 앓다. 즉 백성들에게 가해지는 병폐

■ 2부

歷史 傳記

1. 檀君王儉

魏書云: 乃往二千載有檀君王儉. 立都阿斯達. 開國號朝鮮, 與高[1]同時. 古記云: 昔有桓因庶子[2]桓雄, 數[3]意天下, 貪求人世. 父知子意, 下視三危太伯可以弘益人間. 乃授天符印三箇, 遣往理之. 雄率徒三千, 降於太白山頂神壇樹下, 謂之神市. 是謂桓雄天王也.

將風伯雨師雲師, 而主穀主命主病主刑主善惡, 凡主人間三百六十餘事, 在世理化. 時有一熊一虎, 同穴而居, 常祈于神雄, 願化爲人. 時神遺靈艾一炷蒜二十枚曰: "爾

1) 高: 堯인금. 고려 定宗의 諱가 堯였으므로, 고려의 문헌에는 堯자를 피하여 같은 뜻의 高자를 썼다.

2) 庶子: 次子. 맏아들이 아닌 아들을 일컬음.

3) 數(삭) : 자주

輩食之, 不見日光百日, 便得人形." 熊虎得而食之, 忌三七日, 熊得女身, 虎不能忌, 而不得人身. 熊女者無與爲婚, 故每於檀樹下, 呪願有孕. 雄乃假化而婚之, 孕生子, 號曰檀君王儉.

<三國遺事>

위서에 일렀다. 지금으로부터 2천여 년 전에 단군왕검이 아사달에 도읍하였다. 개국하여 조선이라 했으니, 요임금과 같은 시대이다. 또한 고기에 이르고 있다. 옛날에 환인의 아들 가운데 환웅이 천하에 자주 뜻을 두어 인간세상을 구하고자 하였다. 아버지가 아들의 뜻을 알고 아래를 굽어보니 삼위태백이 널리 인간을 이롭게 할 만했다. 이에 천부인 세 개를 주어 가서 다스리게 하였다. 환웅이 무리 3천을 거느리고 태백산 정상 신단수 부근에 내려와 이곳을 신시라고 하였는데, 이 분이 환웅천왕이다.

풍백·우사·운사를 거느리고 곡식·수명·질병·형벌·선악 등 무릇 인간의 360여 가지의 일을 주재하며 세상을 다스려갔다. 이때 곰 한 마리와 범 한 마리가 같은 굴에 살면서 항상 신 환웅에게 사람이 되게 해달라고 빌었다. 이에 환웅은 신령스러운 쑥 한 심지와 마늘 스무 개를 주면서, "너희들이 이것을 먹고, 백 일 동안 햇빛을 보지 않으면 곧 사람의 몸을 얻으리라."라고 하였다. 곰과 범은 그것을 먹으면서 삼칠일 동안 몸을 삼갔다. 곰은 여자의 몸을 얻었으나 범은 금기를 지키지 못해 사람의 몸을 얻을 수 없었다. 웅녀는 혼인할 사람이 없었으므로 늘 단수 아래서 잉태하기를 빌었다. 이에 환웅은 잠시 사람으로 변화하여 그녀와 혼인하였다. 잉태하여 아들을 낳으니 단군왕검이라 했다.

2. 朱蒙建國

金蛙有七子, 常與朱蒙遊戱[4], 技能[5]莫及. 長子帶素言於王曰: "朱蒙非人所生, 若不早圖, 恐有後患." 王不聽, 使之養馬. 朱蒙知其駿者, 減食令瘦[6]. 駑者善養令肥[7]. 王自乘肥, 瘦者給蒙.

王之諸子與諸臣將謀害之. 蒙母知之, 告曰國人將害汝, 以汝才略 何往不可. 宜速圖之.

於時蒙烏伊等三人爲友, 行至淹水, 告水曰: "我是天帝子, 河伯孫. 今日逃遁, 追者垂及, 奈何." 於時魚鼈[8]成橋,

4) 遊戱(유희) : 놀이

5) 技能(기능) : 재주와 능력

6) 瘦(수) : 여위다

7) 肥(비) : 살찌다

8) 鼈(별) : 자라

得渡而橋解, 追騎不得渡.

<三國遺事>

금와에게 아들 일곱이 있어 언제나 주몽과 함께 노는데 재주가 미치지 못했다. 맏아들 대소가 왕에게 말하기를 "주몽은 사람의 소생이 아닙니다. 만일 빨리 도모하지 않는다면 후환이 있을까 두렵습니다."라고 하였다. 왕은 듣지 않고, 주몽에게 말을 기르도록 하였다. 주몽은 그 중에 날쌘 놈을 알아서 먹이를 덜 주어 여위도록 만들었다. 굼뜬 놈은 잘 먹여서 살이 찌도록 하였다. 왕은 살찐 말을 스스로 타고 여윈 말을 주몽에게 주었다.

여러 왕자들과 여러 신하들이 장차 그를 모해코자 하였다. 주몽의 어머니가 알고 그에게 일러 말하였다. "나라사람들이 장차 너를 해치려고 하는데 너의 재주를 가지고 어디 간들 못 살 것인가. 빨리 도모하여라."

이에 주몽은 오이 등 세 사람과 동무가 되어 엄수에 다다랐다. 물에게 말하기를 "나는 천제의 아들이요, 하백의 손자로서 오늘 도망가는 길에 추격자가 쫓아오니 어찌하리오."라고 하였다. 이 때 고기와 자라들이 나와 다리를 만들었다. 이들이 건너고 나서 다리는 풀려 버리니 추격하던 자들은 건널 수가 없었다.

3. 階伯

階伯[9]百濟人, 仕爲達率[10]. 唐顯慶[11]五年庚申, 高宗以蘇定方[12]爲神丘道大摠管, 率師濟海, 與新羅伐百濟. 階伯爲將軍, 簡死士[13]五千人拒之. 曰: "以一國之人 當唐羅之大兵, 國之存亡 未可知也. 恐吾妻孥[14]沒爲奴婢, 與其生辱, 不如死快[15]." 遂盡殺之. 至黃山之野, 設三營, 遇新羅兵將戰, 誓衆曰: "昔句踐[16]以五千人, 破七十萬衆, 今

---

9) 階伯(?-660) : 백제 말 장군. 나당연합군을 맞아 5천명과 함께 황산벌 전투에서 분전하였으나 패하여 전사했다.

10) 達率(달솔) : 백제의 제2 관직

11) 顯慶(현경) : 당 고종의 연호(656-661)

12) 蘇定方 : 당 고종 때의 무장. 신라군과 함께 백제 사비성을 함락시킴

13) 死士 : 결사대

14) 妻孥(처노) : 처자

15) 與其~ 不如 ~ : ~하기 보다 ~하는 것이 낫다

16) 句踐 : 춘추 시대 越(월) 나라 왕, 臥薪嘗膽(와신상담)의 고사에 나옴

之日宜各奮勵決勝, 以報國恩." 遂鏖戰[17], 無不以一當千, 羅兵乃却. 如是進退 至四合, 力屈[18]以死.

<三國史記>

17) 鏖戰(오전) : 무찔러 싸우다, 끝까지 싸우다

18) 力屈 : 힘이 모자람

계백은 백제 사람으로 벼슬하여 달솔이 되었다. 唐(당) 顯慶(현경) 5년 庚申(660)에 고종이 蘇定方(소정방)을 神丘道大摠管(신구도대총관)으로 삼아 군사를 거느리고 바다를 건너와 신라와 더불어 백제를 치게 하였다. 계백이 장군이 되어 결사대 오천 명을 뽑아 항거하였다. 말하기를 "한 나라의 사람으로 당과 신라의 대병을 당하니, 나라의 存亡을 알 수 없다. 내 처자가 잡혀 노비가 될까 두려우니, 살아서 욕을 보는 것보다 빨리 죽는 것이 낫다." 하고는 가족을 다 죽였다. 황산들에 나와 세 곳에 진영을 베풀었다. 신라군과 만나 장차 싸우게 되었는데, 군사들에게 맹세하기를 "옛날 句踐(구천)은 오천 명으로 吳의 70만 군사를 무찔렀다. 오늘은 모두 다 떨치고 나가 싸워 이겨서 나라의 은혜에 보답하자." 하고 무찔러 싸웠다. 한 명이 천 명의 적을 당해 내는 격이어서 신라병이 그만 물러갔다. 이렇게 나아가고 물러나기를 4번이나 하였으나 힘이 모자라 죽었다.

4. 溫 達

溫達[19]高句麗平岡王時人也. 容貌龍鐘[20]可笑, 中心則曉然. 家甚貧, 常乞食以養母, 破衫弊履, 往來於市井間, 時人目之爲愚溫達. 平岡王少女兒好啼, 王戱曰: "汝常啼聒我耳, 長必不得爲士大夫妻, 當歸之愚溫達." 王每言之. 及女年二八, 欲下嫁於上部高氏[21], 公主對曰: "大王常語, 汝必爲溫達之婦, 今何故改前言乎? 匹夫猶不欲食言, 況至尊乎. 故曰: '王者無戱言' 今大王之命, 謬矣, 妾不敢祗承." 王怒曰: "汝不從我教, 則固不得爲吾女

19) 溫達(온달) : ?-590. 고구려 평원왕 때의 평양 출신의 장군

20) 龍鐘(용종) : 노쇠하여 행동이 완만하거나 추레한 모습

21) 上部(상부) 高氏(고씨) : 고구려의 5部 중 상부에 속하는 고씨

也, 安用同居? 宜從汝所適矣."

於是, 公主以寶釧數十枚繫肘後, 出宮獨行. 路遇一人, 問溫達之家, 乃行至其家, 見盲老母, 近前拜, 問其子所在. 老母對曰: "吾子貧且陋, 非貴人之所可近. 今聞子之臭, 芬馥異常, 接子之手, 柔滑如綿, 必天下之貴人也. 因誰之侜, 以至於此乎? 惟我息不忍饑, 取楡皮於山林, 久而未還." 公主出行, 至山下, 見溫達負楡皮而來. 公主與之言懷, 溫達悖然曰: "此非幼女子所宜行, 必非人也, 狐鬼也, 勿迫我也!" 遂行不顧. 公主獨歸, 宿柴門下, 明朝更入, 與母子備言之. 溫達依違未決, 其母曰: "吾息至陋, 不足爲貴人匹, 吾家至窶, 固不宜貴人居." 公主對曰: "古人言 '一斗粟猶可舂, 一尺布猶可縫', 則苟爲同心,何必富貴然後, 可共乎?" 乃賣金釧, 買得田宅·奴婢·牛馬·器物, 資用完具.

初買馬, 公主語溫達曰: "愼勿買市人馬, 須擇國馬病瘦而見放者, 而後換之." 溫達如其言. 公主養飼甚勤, 馬日肥且壯. 高句麗常以春三月三日, 會獵樂浪之丘, 以所獲猪鹿, 祭天及山川神. 至其日, 王出獵, 群臣及五部兵士皆從. 於是, 溫達以所養之馬隨行, 其馳騁常在前, 所獲亦多, 他無若者. 王召來, 問姓名, 驚且異之.

時, 後周武帝出師伐遼東, 王領軍逆戰於拜山之野. 溫達爲先鋒, 疾鬪斬數十餘級, 諸軍乘勝奮擊大克. 及論功, 無不以溫達爲第一. 王嘉歎之曰: "是吾女壻[22]也." 備禮迎

22) 女壻(여서) : 사위

之, 賜爵爲大兄. 由此, 寵榮尤渥, 威權日盛.

及嬰陽王卽位, 溫達奏曰: "惟新羅, 割我漢北之地, 爲郡縣, 百姓痛恨, 未嘗忘父母之國. 願大王不以愚不肖, 授之以兵, 一往必還吾地." 王許焉. 臨行誓曰: "鷄立峴[23]·竹嶺[24]已西, 不歸於我, 則不返也." 遂行, 與羅軍戰於阿旦城[25]之下, 爲流矢所中, 路而死. 欲葬, 柩不肯動, 公主來撫棺曰: "死生決矣, 於乎, 歸矣." 遂擧而窆. 大王聞之悲慟.

<三國史記>

23) 鷄立峴(계립현) : 새재 동북쪽의 고개

24) 竹嶺(죽령) : 현재 충북 단양에서 경북 영주로 넘어가는 죽령

25) 阿旦城(아단성) : 현재의 단양군 영춘면. 영춘에서 서남 2Km 되는 곳에 온달성이라는 성이 있다. 또한 서울의 성동구에 있는 아차산이라는 견해도 있다.

온달은 고구려 평강왕 때의 사람이다. 얼굴이 못생겨 웃음거리였지만, 마음씨는 밝았다. 집이 매우 가난하여 항상 밥을 빌어 어머니를 봉양하였다. 떨어진 옷에 해어진 신을 신고 저자 거리를 왕래하니, 당시 사람들이 바보 온달이라고 불렀다. 평강왕의 어린 딸이 울기를 잘하므로 왕이 놀려 말했다. "너는 항상 울어서 내 귀를 시끄럽게 하니 나중에 사대부의 아내가 될 수 없겠다. 바보 온달에게나 시집가거라."고 하였다. 왕은 매양 그렇게 말하였다. 딸의 나이 16세가 되어 상부(上部) 고씨(高氏)에게로 시집보내고자 하였다. 공주가 말하기를 "대왕께서 항상 말씀하시기를 '너는 반드시 온달의 아내가 될 것이다.'라고 하셨는데 지금 무슨 까닭으로 앞의 말씀을 고치시나이까? 필부도 식언(食言)을 하지 않으려 하거늘 하물며 지존하신 분께서야 더 말할 필요가 없습니다. 그러므로 '임금은 헛된 말이 없다'고 하는 것입니다. 지금 대왕의 명령은 잘못된 것이니 소녀는 받들지 못하겠습니다."라고 하였다. 왕이 노하여 말하였다. "네가 나의 말을 듣지 않는다면 내 딸이 될 수 없으니 어찌 함께 살겠느냐? 너 마음대로 가라."라고 하였다.

이에 공주는 보물 팔찌 수십 개를 팔꿈치에 끼고 궁궐을 나왔다. 혼자 길을 걷다가 사람을 만나 온달의 집을 물었다. 그 집에 이르니 눈 먼 노모가 있었다. 앞으로 가까이 가서 절하고 그 아들이 있는 곳을 물었다. 노모가 대답하여 말하기를 "우리 아들은 가난하고 누추하여 귀인이 가까이할 인물이 못됩니다. 지금 그대의 냄새를 맡으니 향긋하며 특이하고, 손을 만지니 부드럽기가 솜과 같은즉 천하의 귀인이 분명합니다. 누구의 속임수로 여기에 오게 되었나요? 내 자식은 굶주림을 참지 못하여 산으로 느릅나무 껍질을 벗기러 갔습니다. 오래되었는데 아직 돌아오지 않았소."라고 하였다. 공주가 그 집에서 나와 산 아래 이르니 온달이 느릅나무 껍질을 지고 오고 있었다. 공주가 그에게 마음속에 품은 바를 말하니 온달이 성을 내며 말하기를 "여기는 어린 여자가 올 곳이 아니다. 반드시 사람이 아니라 여우나 귀신이다. 가까이 오지 마라."라고 하며 그만 돌아보지도 않고 갔다. 공주는 혼자 돌아와 사립문 아래서 잤다. 이튿날 아침 다시 들어가서 모자에게 상세히 말하였는데, 온달은 우물쭈물하며 결정을 내리지 못하였다. 그 어머니가 말하기를 "내 자식은 지극히 누추하여 귀인의 짝이 될 수 없고, 내 집은 지극히 가난하여 귀인이 살 곳이 못되오."라고 하였다. 이에 공주가 대답하였다. "옛 사람의 말에 '한 말 곡식도 방아 찧을 수 있고, 한 자 베도 꿰맬 수 있다.'고 하였습니다. 진실로 마음만 맞는다면 왜 꼭 부귀한 후에만 함께 지낼 수 있겠습니까?" 그리고는 금팔찌를 팔아 농토와 집, 노비, 소 말과 기물 등을 사니 살림살이가 다 갖추어졌다.

처음 말을 살 적에 공주는 온달에게 말하였다. "잘 살펴서 시장 상인들의 말은 사지 말고 반드시 나라에서 기르는 말 중에 병들고 파리해서 쫓겨나 파는 것을 골라 사 오셔요."라고 하였다. 온달이 그 말대로 하였다. 공주가 매우 부지런히 길러서 말이 날마다 살찌고 건장해졌다. 고구려에서는 항상 3월 3일이면 낙랑의 언덕에 모여 사냥을 하였다. 그 날 잡은 멧돼지와 사슴으로 하늘과 산천의 신에게 제사 지냈다. 그 날이 되어 왕이 사냥하러 가는데 여러 신하와 5부의 병사들이 모두 따라갔다. 이 때 온달도 기르던 말을 타고 따라갔다. 그는 항상 남보다 빨리 달렸고 잡은 짐승도 많았으므로, 아무도 따를 자가 없었다. 왕이 그를 불러서 이름을 묻고는 놀라며 이상하다고 생각하였다.

그 때, 후주의 무제(武帝)가 군사를 일으켜 요동으로 쳐들어 왔으므로, 왕은 군사를 거느리고 배산 들에서 맞아 싸웠다. 온달이 선봉이 되어 날쌔게 싸워 적군 수십 명을 베어 죽였다. 여러 군사들이 이 기세를 타고 떨쳐 싸워 크게 이겼다. 전쟁에서 세운 공을 논함에 모두 온달을 제일이라 했다. 왕은 가상히 여겨 감탄하여 말하기를 "이 사람이 내 사위다."라고 하였다. 예를 갖추어 그를 맞아들이고 벼슬을 주어 대형(大兄)으로 삼았다. 이로 인해 왕의 총애가 더욱 깊어지고 권위가 날로 성하였다.

양강왕이 왕위에 오르자 온달이 아뢰었다. "신라가 우리 한강 북쪽 땅을 빼앗아 군현(郡縣)을 삼으니, 그 백성들이 원통하게 여기며 늘 부모의 나라인 고구려를 잊지 않고 있습니다. 대왕께서 저를 못났다고 여기지 않으시고 군사를 내 주신다면, 한 번 나가서 반드시 우리 땅을 되찾아 오겠습니다."하니, 왕이 이를 허락하였다. 떠날 때 온달은 맹세하기를 "계립현과 죽령의 서쪽 땅을 되찾지 못하면 돌아오지 않겠다."고 하며 떠났다. 신라군과 아단성 밑에서 싸우다가 날아오는 화살에 맞아 길에서 죽었다. 장사를 지내려 하니 영구가 움직이지 않았다. 공주가 와서 온달의 관을 어루만지며 "죽고 사는 것은 이미 결정되었으니, 오호! 돌아가소서."라고 하였다. 마침내 관이 움직여 장사를 지낼 수 있었다. 대왕이 듣고 매우 슬퍼하였다.

5. 孫順埋兒

孫順者[26]牟梁里人. 父沒, 與妻同傭作人家, 得米穀, 養老孃. 順有小兒, 每奪母食, 順難之[27], 謂其妻曰: "兒可得, 母不可再求, 而奪其食, 母飢何甚. 且埋此兒, 以圖母腹之盈[28]." 乃負兒, 歸醉山[29]北郊, 掘地, 忽得石鍾甚奇. 夫婦驚怪, 乍[30]懸林木上, 試擊之, 舂容[31]可愛. 妻曰: "得異物, 殆[32]兒之福, 不可埋也." 夫亦以爲然, 乃負兒與鍾而還家, 懸鍾於梁 扣之. 興德王聞之, 使人檢之, 以爲純

---

26) 孫順 : 新羅 孝子. 慶州 孫氏의 시조

27) 難之 : 곤란히 여기다

28) 盈(영) : 가득차다. 자라다

29) 醉山(취산) : 모량 서북쪽에 있는 산

30) 乍(사) : (부사) 잠깐

31) 舂容(용용) : 의성어. 소리가 잘 울려퍼져 우렁우렁함.

32) 殆(태) : (부사) 아마

孝所致, 乃賜屋一區, 歲給米五十碩.

<三國遺事>

손순은 모량리 사람이다. 아버지가 돌아가자 처와 함께 남의 집에서 일을 해주고 곡식을 얻어 와 늙은 어머니를 봉양하였다. 어린 아이가 있어 항상 그 할머니의 먹을 것을 빼앗아 먹으므로 손순이 난처하게 여겼다. 아내에게 말하기를 "아이는 또 얻을 수 있지만, 어머니는 다시 구할 수 없다. 어머니 드실 것을 빼앗아 먹으니 어머님이 얼마나 배가 고프시겠는가. 장차 아이를 묻어 어머니를 배부르게 해드리자."라고 하였다. 마침내 아이를 업고 취산의 북쪽 교외로 가서 땅을 팠다. 홀연히 매우 기이한 석종을 얻었다. 부부가 놀랍고도 이상하여 잠시 숲속 나무 위에 걸어 놓고 한 번 쳐 보았다. 그 소리가 애틋하니 들을 만하였다. 아내가 말하기를 "기이한 물건을 얻은 것은 아마도 이 아이의 복인 듯합니다. 묻어서는 안 됩니다."라고 하였다. 남편도 그렇게 생각하고 곧 아이를 업고 종을 가지고 집으로 돌아왔다. 대들보에 걸어놓고 쳐 보았다. 흥덕왕이 이 소리를 듣고 사람을 시켜 조사하게 하였다. 손순의 순수한 효가 이루어낸 것이라 하여 집 한 채와 해마다 곡식 50석을 주었다.

6. 孝女知恩

孝女知恩 韓岐部百姓連權女子也. 性至孝, 少喪父, 獨養其母. 年三十二, 猶不從人. 定省[33]不離左右, 而無以爲養. 或傭作或行乞, 得食以飼之. 日久不勝困憊, 就富家請賣身爲婢, 得米十餘石. 窮日行役於其家, 暮則作食歸養之. 如是三四日, 其母謂女子曰: "向,[34] 食麤[35]而甘, 今則食雖好, 味不如昔, 而肝心若以刀刃刺之者, 是何意耶." 女子以實告之. 母曰: "以我故, 使爾爲婢, 不如死之速也." 乃放聲大哭, 女子亦哭, 哀感行路, 時孝宗郎出遊見

33) 定省(정성) : 昏定晨省(혼정신성)의 준말. 저녁에는 잠자리를 봐드리고 아침에는 문안한다는 의미. 곧 자식이 부모를 섬기는 도리.

34) 向은 '지난 번'이라는 뜻

35) 麤(추) : 거칠다, 굵다, 섞이다, 추하다

之, 歸請父母輸家粟百石及衣物予之. 又償買主以從良. 郎徒幾千人各出粟一石爲贈. 大王聞之, 亦賜租五百石, 家一區, 復除征役, 以粟多恐有剽竊者, 命所司差兵番守. 標榜其里曰孝養坊. 仍奉表歸美於唐室. 孝宗時第三宰相舒發翰仁慶子, 少名化達, 王謂雖當幼齒, 便見老成, 卽以其兄憲康王之女妻之.

<三國史記>

효녀 지은은 한기부 백성 연권의 딸이다. 천성이 지극히 효성스러워 어려서 아버지를 여의고 홀로 어머니를 모셨다. 나이 서른 둘이 되도록 시집가지 않았다. 아침저녁으로 보살피느라 곁을 떠나지 않으니 봉양할 거리가 없었다. 어떤 때는 품팔이도 하고, 어떤 때는 구걸도 하여 밥을 구해서 어머니를 봉양하였다. 그러한 생활이 오래 되자 피곤함을 이기지 못하여 부잣집에 가서 자청하여 몸을 팔아 종노릇을 하고 쌀 10여 석을 얻었다. 하루 종일 그 집에서 일을 해주고, 날이 저물면 밥을 지어 가지고 돌아와서 어머니를 봉양하였다. 이렇게 사나흘 지나자, 어머니가 딸에게 "전에는 음식이 거칠어도 맛이 좋았는데, 지금은 음식이 좋은데도 맛이 옛날만 못하다. 마치 속을 칼로 찌르는 듯하니 이것이 무슨 일이냐?"라고 하였다. 딸이 사실대로 고하였다. 어머니가 "나 때문에 너를 종이 되게 하였으니 차라리 빨리 죽는 편이 낫겠다."고 하며 크게 소리 내어 우니 딸도 따라 울었다. 그 슬픔이 길 가는 사람들을 감동시켰다. 이 때 효종랑이 지나가다가 그것을 보고, 돌아와서 부모에게 청하여 자기 집 곡식 1백 석과 옷가지를 실어다 주었다. 그리고 그녀의 주인에게 몸값을 보상해 주고 양민으로 만들어 주었다. 이 소식을 들은 낭도 몇 천 명이 각각 곡식 1섬 씩을 주었다. 대왕이 이를 듣고, 또한 벼 5백 석과 집 한 채를 하사하고, 부역을 면제하여 주었다. 곡식이 많아서 도둑이 들까 염려하여 관계자에게 명하여 군사를 보내 교대로 지켜주게 하였다. 그 마을을 효양방이라 하여 표문을 올려 당 나라 왕실에도 아름다운 행실을 알렸다. 효종랑은 당시 제삼 재상인 서발한 인경의 아들로서 아명은 화달이었다. 왕이 비록 나이는 어리지만 어른스러운 면이 있다고 여겨 즉시 형 헌강왕의 딸을 주어 아내로 삼게 하였다.

7. 百結先生

百結先生不知何許人. 居狼山下, 家極貧, 衣百結若懸鶉[36], 時人號爲東里百結先生. 嘗慕榮啓期[37]之爲人, 以琴自隨. 凡喜怒悲歡不平之事, 皆以琴宣之. 歲將暮, 隣里舂粟. 其妻聞杵聲曰, “人皆有粟舂之, 我獨無焉, 何以卒歲?” 先生仰天嘆曰, “夫死生有命, 富貴在天, 其來也不可拒, 其往也 不可追, 汝何傷乎? 吾爲汝作杵聲, 以慰之.” 乃鼓琴作杵聲, 世傳之, 名爲碓樂[38].

<三國史記>

---

36) 懸鶉(현순) : 옷이 헤져서 너덜너덜한 것이 메추리의 꽁지깃이 빠진 것과 같다는 말.

37) 榮啓期 : 춘추시대의 隱士. 사람으로 태어난 것, 남자인 것, 90세까지 장수한 것을 3가지 기쁜 일로 삼음.

38) 碓樂 : 방아타령

백결선생은 어느 곳 사람인지 모른다. 낭산 아래에 살았는데 집이 매우 가난하였다. 옷을 여러 군데나 기워 마치 메추라기를 달아맨 것과 같았으므로, 당시 사람들이 동쪽 마을의 백결선생이라 불렀다. 일찍이 영계기의 사람됨을 사모하여, 거문고를 몸소 가지고 다녔다. 모든 기쁨과 노여움, 슬픔과 즐거움, 불만스러운 일들을 거문고로 나타내었다. 세모가 되어 이웃에서 곡식을 찧으니, 그 아내가 방아소리를 듣고 "남들은 모두 곡식이 있어 방아를 찧는데, 우리만 없으니, 이 해를 어찌 보낼까?"라고 하였다.

선생이 하늘을 우러러 탄식하기를, "무릇 죽고 사는 것은 운명에 있고, 부귀는 하늘에 달려있다. 그 오는 것을 막을 수 없고, 가는 것을 따를 수 없거늘 그대는 무엇을 상심하는가. 내가 그대를 위하여 방아소리를 내어 위로하겠소."라고 하였다. 마침내 거문고를 연주해 방아소리를 내었다. 세상에 전해져 碓樂(대악)이라고 하였다.

8. 延烏郎 細烏女

第八阿達羅王卽位四年丁酉 東海濱[39)]有延烏郎細烏女夫婦而居. 一日延烏歸海採藻, 忽有一巖負歸日本. 國人見之曰: "此非常人也." 乃立爲王. 細烏怪夫不來, 歸尋之. 見夫脫鞋[40)], 亦上其巖, 巖亦負歸如前. 其國人驚訝, 奏[41)]獻於王, 夫婦相會, 立爲貴妃.

是時新羅日月無光, 日者奏云: "日月之精 降在我國, 今去日本, 故致斯怪." 王遣使求二人. 延烏曰: "我到此國, 天使然也, 今何歸乎. 雖然朕之妃有所織細綃, 以此祭天

39) 濱(빈) : 물가

40) 鞋(혜) : 가죽신

41) 奏(주) : 아뢰다

可矣." 仍賜其綃. 使人來奏, 依其言而祭之, 然後日月如舊. 藏其綃於御庫爲國寶. 名其庫爲貴妃庫. 祭天所名迎日縣, 又都祈野.

<三國遺事>

▶▶▶ 해설

일본의 역사에는 신라인으로서 왕이 된 이가 없다. 이 이야기 속의 공간은 일본의 어느 작은 변경의 소읍이었을 것으로 생각된다. 신라 8대 아달라왕은 재위 기간이 154-184년인데, 174년 왜국 여왕 히미코가 사신을 보냈다는 기록이 있다.

제8대 아달라왕이 즉위한 지 4년 정유년에 동해 바닷가에 연오랑과 세오녀 부부가 살고 있었다. 어느 날 연오랑이 바다에 나가 해조를 따는데, 갑자기 웬 바윗돌이 연오랑을 태우고 일본으로 갔다. 그 나라사람들이 보고 "이 이는 비범한 인물이다."라고 하며 왕으로 추대하였다. 세오가 남편이 돌아오지 않는 것을 괴이하게 여겨 나가서 찾았다. 남편이 벗어 놓은 신발을 보고 역시 바위 위에 올라갔더니 바위가 또한 전과 같이 태우고 갔다. 그 국인들이 놀랍고 이상하여 왕에게 아뢰니 부부가 서로 만났다. 세오를 귀비로 삼았다.

이 때 신라에서는 해와 달의 빛이 사라졌다. 천문관이 아뢰기를 "해와 달의 정기가 우리나라에 내려와 있다가, 지금은 일본으로 가서 이런 괴변이 생겼습니다."라고 하였다. 왕이 사신을 보내어 두 사람을 찾았다. 연오가 말하기를 "내가 이 나라에 온 것은 하늘이 시킨 바인데, 지금 어찌 돌아갈 것인가. 그러나 나의 비가 가는 생초비단을 짠 것이 있으니, 이것으로 하늘에 제사를 지내면 좋을 것이다."라고 하며 그 생초를 주었다. 사신이 돌아와 아뢰매, 그의 말대로 제사를 지내자 해와 달이 이전과 같았다. 그 생초비단을 어고에 간직하여 국보로 삼았다. 그 고방을 귀비고라 이름하였다. 하늘에 제사 지낸 곳을 영일현이라 하였으며, 또 도기야라고도 한다.

9. 花王戒

薛聰, 字聰智, 祖談捺奈麻, 父元曉. 初爲桑門, 淹該佛書, 旣而返本, 自號小性居士. 聰性明銳, 生知道術. 以方言讀九經[42], 訓導後生, 至今學者宗之. 又能屬文[43], 而世無傳者. 但今南地, 或有聰所製碑銘[44], 文字缺落不可讀, 竟不知其何如也.

神文大王以仲夏之月, 處高明之室, 顧謂聰曰: "今日, 宿雨初歇, 薰風微凉, 雖有珍饌哀音, 不如高談善謔[45], 以

42) 九經(구경) : 당나라 시대의 아홉 가지 경전. 신라 독서삼품과의 시험과목에 비추어 여기서의 구경은 〈시〉 〈서〉 〈역〉 〈춘추〉 〈예기〉 〈의례〉 〈주례〉 〈논어〉 〈효경〉을 가리키는 것으로 봄.

43) 屬文(촉문) : 문장을 지음

44) 碑銘(비명) : 설총이 쓴 금석문은 〈甘山寺阿彌陀如來造像記〉가 남아 있다.

45) 古談善謔(고담선학) : 고상한 말과 웃긴 이야기

舒伊鬱. 吾子必有異聞, 盍[46]爲我陳之?"

聽曰: "唯, 臣聞昔花王[47]之始來也, 植之以香園, 護之翠幕, 當三春而發艶, 凌百花而獨出. 於是, 自邇及遐, 艶艶之靈, 夭夭之英, 無不奔走上謁, 唯恐不及. 忽有一佳人, 朱顔玉齒, 鮮粧靚服, 伶俜而來, 綽約而前曰: '妾履雪白之沙汀, 對鏡淸之海面, 沐春雨以去垢[48], 快淸風而自適, 其名曰薔薇. 聞王之令德, 期薦枕於香帷, 王其容我乎.' 又有一丈夫, 布衣韋帶, 戴白持杖, 龍鍾而步, 傴僂而來曰: '僕在京城之外, 居大道之旁, 下臨蒼茫之野景, 上倚嵯峨之山色, 其名曰白頭翁[49]. 竊謂左右供給雖足, 膏

46) 盍(합): 何不의 준말. 어찌 ~하지 않느냐는 뜻의 반어

47) 花王(화왕) : 牧丹(목단)을 시칭한다

48) 垢(구): 때, 띠끌

49) 白頭翁(백두옹) : 할미꽃

梁以充腸, 茶酒以淸神, 巾衍[50]儲藏, 須有良藥以補氣, 惡石[51]以蠲毒[52]. 故[53]曰雖有絲痲, 無棄菅蒯[54], 凡百君子, 無不代匱. 不識, 王亦有意乎?' 或曰: '二者之來, 何取何捨?' 花王曰: '丈夫之言, 亦有道理, 而佳人難得, 將如之何?' 丈夫進而言曰 '吾謂王聰明識理義, 故來焉耳, 今則非也. 凡爲君者, 鮮不親近邪佞, 疎遠正直, 是以, 孟軻[55]不遇以終身, 馮唐[56]郎潛而皓首, 自古如此, 吾其奈何?' 花王曰: '吾過矣, 吾過矣!' ”

50) 巾衍(건연) : 두건이나 책 등을 넣어두는 상자

51) 惡石(악석) : 石은 돌침을 말함

52) 蠲毒(견독) : 독을 제거하다. 蠲은 깨끗하다, 제거하다의 뜻

53) 故曰 : 〈春秋左氏傳〉 成公 9년 기사에 나오는 말

54) 菅蒯(간괴) : 띠풀의 한 종류. 줄기가 강하고 질겨서 끈을 만드는 데 쓰임. 인신하여 미천한 사람이나 보잘것없는 사물의 비유

55) 孟軻(맹가) : 전국시대 魯나라의 학자. 맹자

56) 馮唐(풍당) : 漢나라 安陵人. 文帝 때에 국방 정책에 대한 좋은 進言을 하기도 했으나 관직은 좀처럼 승진되지 않았다.

於是, 王愀然[57]作色曰: "子之寓言, 誠有深志, 請書之, 以爲王者之戒." 遂擢聰以高秩.

<三國史記>

57) 愀然(초연) : 얼굴빛을 바꾸다, 정색을 하는 모양

설총은 字가 총지이고, 할아버지는 담날나마이며, 아버지는 원효다. 처음에는 불문에 들었는데, 불서에 해박하였다. 얼마 후에 근본으로 돌아와 스스로를 소성거사라고 하였다. 총의 성품은 밝고 예리하였으며, 나면서 도술을 알았다. 방언으로 구경을 읽고, 후생들을 가르치고 이끌었다. 지금까지도 학자들이 그를 높이 받든다. 또 능히 문장을 잘 지었으나, 세상에 전해지지는 않는다. 다만 지금 남쪽 땅에 총이 제작한 비명이 있는데, 글자가 결락되어 읽을 수가 없어서 끝내는 어떤 글인지 알지 못한다.

신문대왕이 음력 5월에 높고 밝은 방에 머물면서 설총을 보며 말하였다. "오늘 오랜 비가 겨우 그치고, 훈풍이 살랑살랑 붑니다. 비록 진귀한 음식과 슬픈 음악이 있더라도, 고담선학으로 울적한 회포를 푸는 것만 못합니다. 그대는 틀림없이 기이한 이야기를 알고 있을 것이니, 나에게 이야기해주지 않으렵니까?"

총이 말하기를 "예, 신이 들으니 화왕이 처음 전래하였을 때, 향기로운 정원에 심고 비취색 장막을 둘러 보호하였습니다. 봄이 되어 꽃이 피어나니 온갖 꽃을 능가하여 홀로 빼어났다고 합니다. 그러자 가까운 곳으로부터 먼 곳까지 아름답고 예쁜 꽃들이 달려와서 아뢰는데, 오직 미치지 못할까 두려워하였습니다. 홀연히 한 미인이 나타났는데, 붉은 얼굴에 흰 치아, 곱게 단장한 얼굴과 예쁜 옷을 입고, 하늘거리며 와서 천천히 다가가 말하였습니다. '첩은 눈처럼 흰 모래를 밟고, 거울처럼 맑은 바다를 대하면서, 봄비에 목욕을 하여 때를 벗기고, 맑은 바람을 쐬면서 자적하니, 이름은 장미입니다. 왕의 아름다운 덕을 듣고, 향기로운 휘장 속에서 잠자리를 모실까 하는데, 왕께서는 저를 받아주시겠습니까.'라고 하였답니다. 또 한 장부가 있었는데, 베옷을 입고 가죽 띠를 둘렀으며, 흰 모자를 쓰고, 지팡이를 짚었습니다. 비틀거리며 걸어와 구부정하니 와서 말하기를 '저는 서울 성 밖의 큰 길 가에 살면서 아래로는 넓은 들의 경치를 바라보고, 위로는 뾰족하고 높다란 산에 기대어 사는 백두옹이라고 합니다. 가만히 생각해보건대 좌우에서 공급하는 것이 비록 풍족하여 기름진 음식으로 배를 채우고, 차와 술로 정신을 맑게 하더라도, 반드시 상자 속에는 기운을 북돋울 良藥(양약)과 毒(독)을 제거할 아픈 침이 있어야 합니다. 옛말에 生絲와 삼베가 있더라도 사초나 띠풀도 버리지 않는다고 하였는데, 무릇 모든 군자는 빈자리를 대비하지 않음이 없습니다. 모르겠습니다만, 왕께서도 그런 뜻이 있으신지요?'라고 하였답니다. 그 때 어느 사람이 말하기를 '두 사람이 왔는데, 누구를 취하고, 누구를 버리시겠습니까?'라고 하였습니다. 화왕이 '장부의 말도 이치에 맞긴 한데, 미인은 얻기가 어렵다고 하니, 이를 어찌하면 좋은가.'라고 하였습니다. 장부가 나아가 말하기를 '저는 왕께서 총명하셔서 이치와 도의를 알 것으로 생각하여 왔는데, 이제 보니 아닌 것 같습니다. 무릇 임금된 자가 사악하고 아첨하는 자를 친하게 여기고 정직한 사람을 멀리 하지 않음이 드뭅니다. 그래서 맹자가 불우하게 몸을 마쳤고, 풍당은 낮은 벼슬에 묶여 늙었습니다. 예로부터 이러하니, 제가 어찌하겠습니까?'라고 하였습니다. 화왕이 그제서야 '내가 잘못했다. 내가 잘못했다.'라고 하였답니다."

이에 왕이 정색을 하며 말하였다. "그대의 우언에는, 실로 깊은 뜻이 있으니, 청컨대 이를 글로 써주시면 임금 된 자의 교훈으로 삼고자 합니다." 마침내 설총을 발탁하여 높은 벼슬을 주었다.

10. 薛氏女

薛氏女, 栗里民家女子也. 雖寒門單族, 而顔色端正, 志行脩整, 見者無不歆艶, 而不敢犯. 眞平王時, 其父年老, 番當防秋[58]於正谷. 女以父衰病, 不忍遠別, 又恨女身不得代行, 徒自愁悶. 沙梁部少年嘉實, 雖貧且寠[59], 而其養志貞男子也, 嘗悅美薛氏, 而不敢言. 聞薛氏憂父老而從軍, 遂請薛氏曰: "僕雖一懦[60]夫, 而嘗以志氣自許, 願以不肖之身, 代嚴君之役." 薛氏甚喜, 入告於父. 父引見曰: "聞公欲代老人之行, 不勝喜懼[61], 思所以報之, 若公不以愚

58) 防秋 : 전방을 지키는 일. 수자리 서는 것

59) 寠(구) : 가난하다

60) 懦(나) : 나약하다

61) 懼(구) : 두려워하다

陋[62]見棄, 願薦幼女子, 以奉箕箒[63].” 嘉實再拜曰: “非敢望也, 是所願焉.” 於是, 嘉實退而請期. 薛氏曰: “婚姻人之大倫, 不可以倉猝. 妾旣以心許, 有死無易, 願君赴防. 交代而歸, 然後卜日成禮, 未晩也.” 乃取鏡分半, 各執一片云: “此所以爲信, 後日當合之.” 嘉實有一馬, 謂薛氏曰: “此, 天下良馬, 後必有用. 今我徒行, 無人爲養, 請留之, 以爲用耳.” 遂辭而行.

會, 國有故, 不使人交代, 淹六年未還. 父謂女曰: “始以三年爲期, 今旣踰矣. 可歸于他族矣.” 薛氏曰: “向以安親, 故强與嘉實約. 嘉實信之, 故從軍累年, 飢寒辛苦. 況迫賊境, 手不釋兵, 如近虎口, 恒恐見咥, 而棄信食言, 豈

62) 陋(루) : 누추하다

63) 箕箒(기추) : 집안 일, 여자가 남의 아내가 되는 것을 말함

人情乎? 終不敢從父之命, 請無復言." 其父老且耄, 以其女壯而無伉儷, 欲强嫁之, 潛約婚於里人, 旣定日引其人. 薛氏固拒, 密圖遁去而未果. 至廐, 見嘉實所留馬, 大息流淚. 於是嘉實代來, 形骸枯槁, 衣裳藍縷, 室人不知, 謂爲別人. 嘉實直前, 以破鏡投之, 薛氏得之呼泣, 父及室人失喜. 遂約異日相會, 與之偕老.

<三國史記>

설씨녀는 율리의 평민 집 여자였다. 비록 한미하고 외로운 집안이었으나 안색이 단정하고 뜻과 행동이 가지런하였다. 보는 사람들마다 흠모하지 않는 자가 없었으나, 감히 범하지는 못하였다. 진평왕 때 그 아버지는 나이가 많았으나, 정곡으로 수자리 당번으로 가야했다. 딸은 아버지가 노쇠하고 병들었기 때문에 차마 멀리 이별할 수 없었다. 또 자신이 여자의 몸이라 아버지 대신 갈 수도 없었기에 단지 근심하고 고민할 뿐이었다.

사량부 소년 가실은 비록 가난하였지만 뜻이 곧은 남자였다. 일찍이 설씨를 좋아하였으나, 감히 말을 하지 못하였다. 설씨가 아버지가 늙은 나이에 군대에 가야함을 걱정하고 있다는 소식을 듣고, 설씨에게 청하여 말하였다. "제가 비록 나약한 사내이지만, 일찍이 뜻과 기개로 자부하였습니다. 원컨대 이 몸이 아버지의 일을 대신하게 하여 주시오." 설씨가 대단히 기뻐하며, 돌아가 아버지께 고하였다. 아버지가 그를 불러 말하기를 "듣건대 이 늙은이가 가야할 일을 그대가 대신하여 가주겠다 하니, 기쁘면서도 두려움을 금할 수 없구려. 보답할 바를 생각해 보니, 그대가 가난하다고 버리지만 않는다면, 내 딸을 주어 그대의 아내가 되게 하고 싶소." 가실이 두 번 절하며 말하기를 "감히 바랄 수는 없었지만, 이는 저의 소원입니다."라고 하였다. 이에 가실이 물러가 혼인날을 청하였다. 설씨가 말하기를 "혼인은 인륜지대사인데, 갑작스럽게 할 수는 없습니다. 제가 이미 마음으로 허락했으니, 이는 죽어도 변함이 없을 것입니다. 원컨대 그대가 수자리에 나갔다가 교대하여 돌아온 후에 날을 잡아 예를 올려도 늦지 않을 것입니다." 그리고는 거울을 둘로 쪼개어 각각 한 쪽씩 갖고는 "이것이 신표이니, 후일에 합쳐봅시다."라고 하였다. 가실이 말 한 필을 가지고 있었는데, 설씨에게 주며 말하였다. "이는 천하의 좋은 말이니, 후에 반드시 유용할 것입니다. 지금 내가 떠나면 기를 사람이 없으니, 이를 두고 쓰십시오." 드디어 작별하고 떠났다.

마침 나라에 변고가 있어 다른 사람으로 교대하지 못하여 어언 6년이 지나도록 돌아오지 못하였다. 아버지가 딸에게 "처음에는 3년으로 기약하였는데, 이미 그 기한을 넘겼다. 다른 집에 시집가거라."라고 하였다. 설씨가 말하기를 "지난번엔 아버지를 편안하게 해드리기 위해 가실과 억지로 약속하였습니다. 가실은 이를 믿고 군대에 나가 몇 년 동안 굶주림과 추위에 고생이 심할 것입니다. 더구나 적지에 가까이 있어 손에서 무기를 놓지 못합니다. 마치 호랑이 입 앞에 가까이 있는 것과 같이 항상 잡아먹힐까 걱정할 것인데, 신의를 버리고 약속을 지키지 않는다면, 어찌 인정이라 하겠습니까? 감히 아버지 명을 따를 수 없으니, 바라옵건대 다시는 그런 말을 하지 마십시오."라고 하였다. 그러나 아버지는 늙은데다가, 그 딸이 장성하였는데도 짝이 없으니 억지로 시집을 보내려 하였다. 동네 사람과 몰래 혼인을 약속하고, 혼인날이 되자 그 사람을 끌어들였다. 설씨는 굳게 거절하고 몰래 도망치려 하였으나 뜻을 이루지 못하였다. 마구간에 가서 가실이 두고 간 말을 보며 크게 탄식하고 눈물을 흘리고 있었다. 때마침 가실이 교대되어 왔다. 모습이 마른 나무처럼 야위었고, 옷이 남루하여 집안사람이 알아보지 못하고 다른 사람이라고 여겼다. 가실은 앞으로 나아가 깨진 거울 한 쪽을 던지니, 설씨가 이를 보고 흐느껴 울었다. 아버지와 집안사람들은 기뻐서 어쩔 줄을 몰랐다. 드디어 다른 날 약속하여 결혼을 하고 해로하였다.

11. 金現感虎

新羅俗, 每當仲春[64], 初八至十五日, 都人士女, 競遶[65]興輪寺之殿塔爲福會. 元聖王代有郎君金現者, 夜深獨遶不息, 有一處女, 念佛隨遶, 相感而目送之, 遶畢, 引入屛處通焉. 女將還, 現從之, 女辭拒而强隨之. 行至西山之麓, 入一茅店, 有老嫗問女曰: "附率[66]者何人?" 女陳其情. 嫗曰: "雖好事不如無也! 然遂事不可諫也. 且藏於密, 恐汝弟兄之惡也." 把郎而匿之奧. 小選有三虎咆哮而至, 作人語曰: "家有腥膻之氣, 療飢何幸." 嫗與女叱曰:

---

64) 仲春(중춘) : 음력 2월

65) 競遶(경요) : 다투어 돌다

66) 附率(부솔) : 데리고 오다

"爾鼻之爽乎! 何言之狂也?" 時有天唱: 爾輩嗜害物命尤多, 宜[67]誅一以徵惡! 三獸聞之, 皆有憂色. 女謂曰: "三兄若能遠避[68]而自懲, 我能代受其罰." 皆喜俛[69]首妥尾而遁去. 女入謂郎曰: "始吾恥君子之辱臨弊族, 故辭禁爾, 今旣無隱, 敢布腹心. 且賤妾之於郎君, 雖曰非類, 得陪一夕之歡, 義重結褵之好. 三兄之惡, 天旣厭之, 一家之殃, 予欲當之. 與其死於等閑人之手, 曷若伏於郎君刃下, 以報之德乎. 妾以明日入市爲害劇, 則國人無如我何, 大王必募以重爵而捉我矣. 君其無怯, 追我乎城北林中, 吾將待之." 現曰: "人交人, 彝倫[70]之道, 異類而交, 蓋非常

67) 宜(의) : 마땅히

68) 避(피) : 피하다

69) 俛(부) : 숙이다

70) 彝倫(이륜) : 사람으로써 지켜야 할 도리

也. 旣得從容[71], 固多天幸, 何可忍賣於伉儷之死, 僥倖一世之爵祿乎." 女曰: "郎君無有此言. 今妾之壽夭, 盖天命也, 亦吾願也, 郎君之慶也, 予族之福也, 國人之喜也. 一死而五利備, 其可違乎. 但爲妾創寺, 講眞詮, 資勝報, 則郎君之惠莫大焉." 遂相泣而別.

次日果有猛虎入城中, 剽甚無敢當, 元聖王聞之, 申令曰: 戡虎者爵二級. 現詣闕奏曰: "小臣能之." 乃先賜爵以激之. 現持短兵, 入林中, 虎變爲娘子, 熙怡而笑曰: "昨夜共郎君繾綣之事, 惟君無忽. 今日被爪[72]傷者, 皆塗興輪寺醬, 聆其寺之螺鉢聲則可治." 乃取現所佩刀, 自頸而仆, 乃虎也. 現出林而託曰: "今玆虎易搏矣." 匿

71) 從容(종용) : 편안하고 태연한 모양, 침착한 모양, 자연스러움

72) 爪(조) : 발톱

其由不洩, 但依論而治之, 其瘡皆效. 今俗亦用其方. 現既登庸, 創寺於西川邊, 號虎願寺, 常講梵網經[73], 以導虎之冥遊, 亦報其殺身成己之恩. 現臨卒, 深感前事之異, 乃筆成傳, 俗始聞知, 因名論虎林, 稱于今.

<三國遺事>

73) 梵網經(범망경) : 대승계의 제 1經(경). 상권에는 보살의 心地(심지)가 전개되는 모양을 썼고, 하권에는 대승계를 풀이했다. 구마라습이 번역

신라 풍속에 매년 2월이 되면 초여드레부터 보름까지 도읍의 남녀들이 다투어 흥륜사의 전탑을 돌며 복회를 가졌다. 원성왕 대에 낭군 김현이라는 사람이 있었는데 밤이 깊었는데도 혼자 쉬지 않고 돌았다. 한 처녀가 염불하면서 따라 돌다가 서로 감응하여 눈길을 주게 되었다. 전탑돌이를 마치자 이끌고 으슥한 곳에 들어가 정을 통하였다. 처녀가 돌아가려 하니 김현이 좇았다. 처녀가 거절하는 것을 억지로 따라갔다. 서산 기슭에 이르러 한 초막으로 들어가니 어떤 노파가 처녀에게 "데려온 사람은 누구냐?"라고 물었다. 처녀가 사실대로 이야기하였더니 노파가 말하기를 "비록 좋은 일이기는 하지만 없느니만 못하구나. 이미 저지른 일을 탓해 무엇 하리. 몰래 잘 숨겨두어라. 너의 형제들이 악행을 저지를까 염려된다."라고 하였다. 낭군을 데리고 안에다 숨겨 두었더니 잠시 뒤에 범 세 마리가 으르렁거리며 왔다. 사람의 언어로 말하기를 "집 안에 누린내가 나는데, 요기할 수 있어 다행이다."라고 하였다. 노파와 처녀가 나무라며 "너희들 코가 이상하구나. 무슨 미친 소리냐?"라고 하였다. 이때 하늘에서 소리가 들렸다. "너희들이 생물을 해치기 좋아함이 더욱 심하니 마땅히 한 놈을 죽여 악행을 징계하겠다!"라고 하니 세 마리가 듣고 모두 걱정하는 기색이 있었다. 처녀가 말하기를 "세 오빠가 멀리 피하여 스스로 반성한다면 제가 그 벌을 대신 받겠습니다."하니 모두 좋아서 머리를 숙이고 꼬리를 치면서 달아났다. 처녀가 들어와서 낭군에게 말하였다. "처음에 저는 당신이 저희 집에 오시는 것이 부끄러웠으므로 못 오시게 하였지만 이제는 더 감출 것이 없으니 감히 속마음을 털어놓겠습니다. 천첩이 낭군과 비록 같은 종류는 아니지만, 하룻밤의 즐거움을 같이 하였으니 결혼한 것과 같이 의리가 중합니다. 세 오빠들의 죄악은 하늘이 이미 미워하니 일가의 재앙을 제가 감당하고자 합니다. 모르는 사람의 손에 죽는 것보다는 낭군의 칼 아래 죽어 덕을 갚는 것이 낫습니다. 제가 내일 시내로 들어가서 심하게 해를 끼치면, 나라사람들이 저를 어떻게 할 수 없을 것입니다. 그러면 대왕이 반드시 높은 벼슬을 걸어 나를 잡을 사람을 찾을 것입니다. 당신은 겁내지 말고 성 북쪽 숲속까지 나를 쫓아오면 제가 거기서 기다리겠습니다."라고 하였다. 김현이 말하기를 "사람과 사람의 사귐은 떳떳한 인륜의 도리이고 다른 종류와 사귄다는 것은 대개 떳떳한 일은 아닐 것이다. 그러나 이미 從容(종용)을 얻었으니 천행이 많았다. 어찌 차마 제 배필의 죽음을 팔아 한 때의 작록을 구할 수 있겠는가."라고 하였다. 처녀가 말하기를 "낭군은 그런 말씀 마소서. 오늘 첩의 목숨이 짧은 것은 바로 천명이며, 또한 저의 소원이며, 낭군의 경사이며, 우리 족속의 복이며, 국인들의 기쁨입니다. 한 번 죽어서 다섯 가지 이득이 갖추어지니 어찌 이를 어기겠습니까. 다만 첩을 위하여 절을 세우고 불경을 강하여 내세의 보답으로 삼아 주시면 낭군의 은혜는 막대할 것입니다."라고 하였다. 드디어 서로 울면서 작별하였다.

이튿날 과연 맹호가 성안에 들어와 매우 사나워 감당할 수 없었다. 원성왕이 듣고 명하기를 "호랑이를 잡는 자는 관작 2급을 주리라."라고 하였다. 김현이 대궐로 들어가 아뢰기를 "소신이 잡을 수 있습니다."라고 하니 곧 관작을 먼저 주어 격려하였다. 김현이 짧은 칼 한 자루를 가지고 숲속으로 들어가니 호랑이가 처녀로 변하여 반가이 웃으면서 말하였다. "간밤에 함께 사랑을 나눈 일을 낭군은 소홀히 마소서. 오늘 내 손톱에 할퀴어 부상당한 사람들은 모두 흥륜사 간장을 바르고 그 절의 나발 소리를 들으면 나을 것입니다."라고 하고는 곧 김현이 차고 있던 칼을 뽑아 제 목을 찌르고 엎어지니 곧 호랑이가 되었다. 김현이 숲에서 나와 말하기를 "지금 이 호랑이를 쉽게 잡았다."라고 하였다. 이유는 숨겨 발설하지 않고 다만 그 말대로 치료하니 상처가 모두 나았다. 지금 풍속에도 그 방법을 쓰고 있다. 김현이 등용되고 나서 서천가에 절을 세워 이름을 호원사라 하였다. 항상 범망경을 강하여 범의 저승길을 인도하였다. 또한 몸을 희생하여 자기를 성공하게 해 준 은혜에 보답하였다. 김현이 죽음에 임하여 그 일의 기이함에 매우 감동하여 마침내 붓을 들어 기록하니 세상에서 비로소 알게 되었다. 인하여 그 숲을 論虎林(논호림)이라 이름하여 지금까지 전해 온다.

12. 圓光法師

法師俗姓薛氏, 王京人也. 初爲僧學佛法, 年三十歲, 思靜居修道, 獨居三岐山[74]. 後四年有一比丘來, 所居不遠, 別作蘭若[75], 居二年, 爲人强猛, 好修呪述. 法師夜獨坐誦經, 忽有神聲呼其名: "善哉善哉! 汝之修行. 凡修者雖衆, 如法者稀有. 今見隣有比丘, 徑修呪術而無所得, 喧聲惱他靜念, 住處礙我行路, 每有去來, 幾發惡心. 法師爲我語告而使移遷, 若久住者, 恐我忽作罪業." 明日法師往而告曰: "吾於昨夜有聽神言, 比丘可移別處, 不然應有餘殃." 比丘對曰: "至行者爲魔所眩? 法師何憂

74) 三岐山(삼기산) : 경상북도 월성군 안강읍에 있는 산. 속칭 臂長山(비장산)이라고도 하고 후대에 금곡산 또는 삼봉재라 하였다.

75) 蘭若(난야) : 아란야의 약칭. 수도에 적합한 정한처. 흔히 '절'을 지칭한다.

狐鬼之言乎?" 其夜神又來曰: "向我告事, 比丘有何答乎?" 法師恐神瞋怒而對曰: "終未了說, 若强語者, 何敢不聽." 神曰: "吾已具聞. 法師何須補說? 但可黙然見我所爲." 遂辭而去. 夜中有聲如雷震, 明日視之, 山頹塡比丘所在蘭若. 神亦來曰: "師見如何?" 法師對曰: "見甚驚懼." 神曰: "我歲幾於三千年, 神術最壯, 此是小事, 何足爲驚. 但復將來之事, 無所不知, 天下之事, 無所不達. 今思法師唯居此處, 雖有自利之行, 而無利他之功. 現在不揚高名, 未來不取勝果, 盍採佛法於中國, 導群迷於東海." 對曰: "學道中國, 是本所願, 海陸逈阻, 不能自通而已." 神詳誘歸中國所行之計, 法師依其言歸中國, 留十一年, 博通三藏[76], 兼學儒術. 眞平王二十二年庚申(《三國史》云, 明年辛酉來), 師將理策東還, 乃隨中國朝聘使還國. 法師欲謝神, 至前住三岐山寺, 夜中神亦來呼其名曰: "海陸途間, 往還如何?" 對曰: "蒙神鴻恩, 平安到訖." 神曰: "吾亦授戒於師." 仍結生生相濟[77]之約. 又請曰: "神之眞容, 可得見耶?" 神曰: "法師若欲見我形, 平旦可望東天之際." 法師明日望之, 有大臂貫雲, 接於天際. 其夜神亦來曰: "法師見我臂耶?" 對曰: "見已. 甚奇絶異." 因此俗號臂長山. 神曰: "雖有此身, 不免無常之害. 故吾無月日, 捨身其嶺. 法師來送長逝之魂." 待約日往看, 有一老狐黑如漆, 但吸吸無息, 俄

76) 三藏(삼장) : 불교의 經(경)·律(율)·論(논)의 총칭. 또는 經(경)·律(율)·論(논)에 통달한 고승.

77) 生生相濟(생생상제): 윤회 전생에서 서로 구제하자는 것.

然而死. 法師始自中國來, 本朝君臣敬重爲師, 常講大乘經典. 此時, 高麗·百濟常侵邊鄙, 王甚患之, 欲請兵於隋, 請法師作乞兵表[78]. 皇帝見以三十萬兵親征高麗, 自此知法師旁通儒術也. 享年八十四入寂, 葬明活城西.

<三國遺事>

78) 乞兵表(걸병표) : 원군을 청하는 글

▶▶▶ 해설

〈삼국유사〉 권4에 〈圓光西學〉이라는 제목으로 唐 〈高僧傳〉의 내용을 인용하고, 이어서 동경안일호장(東京安逸戶長) 貞孝의 집에 있는 〈古本 殊異傳〉에 있는 원광법사전이라며 이 내용을 소개하고 있다. 당 〈고승전〉에서는 속성이 박씨라고 하고 〈수이전〉에서는 설씨라고 한 점이 다르며, 지금은 전하지 않는 〈수이전〉의 성격을 알 수 있게 해준다.

법사의 俗姓(속성)은 薛氏(설씨)로, 경주 사람이었다. 처음 중이 되어 佛法(불법)을 배우던 중, 나이 서른에 고요한 곳에서 수도하고자 三岐山(삼기산)에 홀로 거하였다. 4년 뒤에 한 비구가 와서 멀지 않은 곳에 따로 절을 짓고 있은 지 2년이 되었다. 그 사람됨이 강맹하여 주술 공부하는 것을 좋아했다.

법사가 밤에 홀로 앉아 경(經)을 외는데, 홀연히 한 신령이 법사의 이름을 부르며 "잘한다, 잘한다, 그대의 수행이야말로. 대개 수행하는 자는 많지만 법대로 하는 자는 드물다. 지금 이웃에 있는 중을 보니 곧장 주술을 닦으나 얻는 바는 없고 공연히 시끄러운 소리가 남의 고요한 생각을 방해한다. 또 그 처소가 나의 길을 방해하므로, 지나다닐 때마다 매양 미운 마음이 날 정도이다. 법사는 나를 위하여 그에게 말하여 다른 데로 옮겨가게 하라. 만일 오래 그곳에 머무른다면 아마 내가 죄업을 저지를지도 모른다."고 하였다. 이튿날 법사가 그 비구에게 가서 말하기를 "내가 어젯밤에 신령의 소리를 들으니 비구는 다른 곳으로 옮겨야 좋겠소. 그렇지 아니하면 다른 재앙이 있으리라." 하였다. 비구가 대답하되 "수행이 지극한 이도 마귀에게 홀리는가, 법사가 어찌 여우 귀신의 말을 근심하는가." 하였다. 그날 밤에 신령이 또 왔다. "지난 번 내가 말한 데 대하여 중이 무엇이라고 하던가." 법사가 신의 노여움을 두려워하여 이렇게 대답하였다. "아직 말하지 못하였으나 만일 굳이 권고한다면 어찌 감히 듣지 아니 하리요." 하였다. 신령이 가로되 "내가 이미 모두 들었다. 법사는 어찌 말을 보태서 하느냐, 다만 잠자코 내가 하는 것을 보라." 하고 가더니 밤중에 우레 같은 소리가 났다. 이튿날 가보니 산이 무너져 비구가 살던 절을 묻어 버렸다. 신령이 또한 와서 말하되 "법사가 보니 어떠

하냐." 대답하되 "보고 매우 놀랍고 두려웠소." 하였다. 신령이 가로되 "내 나이 삼천년에 가깝고 신술이 가장 으뜸이다. 이까짓 일은 적은 것이니 어찌 놀랄 거리가 되랴. 또 장래의 일도 알지 못하는 것이 없고 천하의 일도 통달치 못함이 없다. 지금 생각건대 법사가 단지 이곳에 있기만 한다면 비록 자신에게 이로운 행실은 있겠으나 남을 이롭게 하는 공은 없게 된다. 현재에 이름을 높이 선양해두지 않으면 미래에 좋은 과보를 거두지 못할 것이다. 왜 중국에서 불법을 배워 와서 이 나라의 혼미한 무리를 인도치 않느냐?" 하였다. 법사가 대답하되 "중국에 가서 도를 배우고자 함은 본래 저의 소원이나, 바다와 육지로 멀리 떨어져 있으므로 자연히 통할 길이 없기 때문입니다." 하니, 신령이 중국에 가서 행할 계교를 상세히 일러주었다. 법사가 그 말대로 중국에 가서 11년을 머물면서 三藏(삼장)에 널리 통하고 겸하여 유학을 배웠다.

진평왕 22년 庚申(경신)【三國史(삼국사)에는 이듬해인 辛酉(신유)에 왔다 하였다】에 법사가 고국에 돌아올 생각을 하고 있었는데 마침 본국의 중국 조빙사가 왔으므로 그를 따라 귀국하였다. 법사는 신령에게 감사코자, 전에 거주하던 삼기산의 절에 갔다. 밤중에 신령이 역시 와서 이름을 부르며 말하기를 "바다 먼 길을 어떻게 갔다 왔느냐." 법사 대답하되 "신령님의 크나큰 은혜를 입어 평안히 도착하였소이다." 신령이 말하되 "나도 또한 법사에게 戒(계)를 준다." 하고 生生相濟(생생상제)의 약속을 맺었다. 또 법사가 "신령님의 眞容(진용)을 볼 수 있겠습니까?" 하니, 신령이 말하되 "법사가 만일 내 형상을 보고자 할진데 아침 일찍 동쪽 하늘가를 바라보라." 하였다. 법사가 이튿날 바라보니 큰 팔뚝이 구름을 뚫고 하늘 끝에 닿아있었다. 그날 밤에 신이 또한 와서 이르기를 "법사는 내 팔을 보았는가." 하니 법사가 대답하되 "보았습니다. 매우 신기하더이다." 하였다. 이로 인하여 세속에서는 臂長山(비장산)이라고 하였다. 또 신령이 이르되 "비록 이 몸이 있어도 죽음을 면치 못한다. 내가 머지않아 이 몸을 그 고개에 버릴 터이니 법사는 와서 길이 가는 나의 혼을 보내 달라." 하였다. 기약한 날을 기다려 가보니 옻칠 빛깔 같이 검은 늙은 여우 한 마리가 헐떡이고 숨을 쉬지 못하다가 곧 죽었다.

법사가 처음 중국에서 왔을 때 신라의 군신이 존경하여 스승을 삼으니 법사가 항상 대승경전을 강하였다. 이즈음 고구려와 백제가 항상 변방을 침범하였다. 왕이 매우 근심하여 隋(수)에 청병을 하고자 하여 법사에게 청하여 乞兵表(걸병표)를 짓게 하였다. 황제가 그 표를 보고 삼십만병으로 고구려를 친히 정벌하였다. 이로부터 법사가 유학에도 달통하였음을 세상 사람들이 알았다. 향년 84세로 입적하니 명활성 서쪽에 장사지냈다.

13. 金堤上

第十七 那密王卽位三十六年庚寅, 倭王遣使來朝曰: “寡君聞大王之神聖, 使臣等以告百濟之罪於大王也. 願大王遣一王子, 表誠心於寡君也.” 於是, 王使第三子美海(一作未吐喜)以聘[79]於倭. 美海年十歲, 言辭動止猶未備具, 故以內臣朴娑覽爲副使而遣之, 倭王留而不送三十年. 至訥祗王卽位三年己未, 句麗長壽王遣使來朝云: “寡君聞大王之弟寶海秀智才藝, 願與相親, 特遣小臣懇請.” 王聞之幸甚, 因此和通, 命其弟寶海, 道於句麗, 以內臣金武謁爲輔而送之, 長壽王又留而不送. 至十年乙

79) 聘(빙) : 사신을 보내다

丑, 王召集群臣及國中豪俠, 親賜御宴, 進酒三行, 衆樂初作, 王垂涕而謂群臣曰: "昔我聖考, 誠心民事, 故使愛子東聘於倭, 不見而崩[80]. 又朕卽位已來, 隣兵甚熾[81], 戰爭不息, 句麗獨有結親之言, 朕信其言, 以其親弟聘於句麗, 句麗亦留而不送. 朕雖處富貴, 而未嘗一日暫忘而不哭. 若得見二弟, 共謝於先主之廟, 則能報恩於國人, 誰能成其謀策?" 時, 百官咸奏曰: "此事固非易也, 必有智勇方可. 臣等以爲歃羅郡太守堤上可也." 於是, 王召問焉. 堤上再拜對曰: "臣聞, 主憂臣辱, 主辱臣死; 若論難易而後行, 謂之不忠; 圖死生而後動, 謂之無勇. 臣雖不肖, 願受

---

80) 崩(붕) : 임금이나 왕후가 죽다

81) 熾(치) : 치열하다

命行矣." 王甚嘉之, 分觴而飮, 握手而別. 堤上簾[82]前受命, 徑趨北海之路, 變服入句麗. 進於寶海所, 共謀逸期, 先以五月十五日, 歸泊於高城水口而待. 期日將至, 寶海稱病, 數日不朝, 乃夜中逃出, 行到高城海濱[83]. 王知之, 使數十人追之, 至高城而及之. 然寶海在句麗, 常施恩於左右, 故其軍士憫傷之, 皆拔箭鏃[84]而射之, 遂免而歸. 王旣見寶海, 益思美海, 一欣一悲, 垂淚而謂左右曰: "如一身有一臂一面一眼, 雖得一而亡一, 何敢不痛乎?" 時, 堤上聞此言, 再拜辭朝而騎馬, 不入家而行, 直至於栗浦之濱. 其妻聞之, 走馬追至栗浦, 見其夫已在舡上矣. 妻呼之切

82) 簾(렴) : 발

83) 濱(빈) : 물가

84) 箭鏃(전촉) : 화살촉

懇, 堤上但搖手而不駐. 行至倭國, 詐言曰: “雞林王以不罪殺我父兄, 故逃來至此矣.” 倭王信之, 賜室家[85]而安之. 時, 堤上常陪美海遊海濱, 逐捕魚鳥, 以其所獲, 每獻於倭王, 王甚喜之而無疑焉. 適曉霧濛晦[86], 堤上曰: “可行矣.” 美海曰: “然則偕行.” 堤上曰: “臣若行, 恐倭人覺而追之, 願臣留而止其追也.” 美海曰: “今我與汝如父兄焉, 何得棄汝而獨歸?” 堤上曰: “臣能救公之命, 而慰大王之情則足矣, 何願生乎!” 取酒獻美海. 時, 雞林人康仇麗在倭國, 以其人從而送之. 堤上入美海房, 至於明旦, 左右欲入見之, 堤上出止之曰: “昨日馳走於捕獵,

85) 室家 : 가정을 이룸

86) 晦(회) : 어둑어둑해지다

病甚未起." 及乎日昃[87], 左右怪之而更問焉, 對曰: "美海行已久矣." 左右奔告於王, 王使騎兵逐之, 不及. 於是, 囚堤上問曰: "汝何竊遣汝國王子耶?" 對曰: "臣是雞林之臣, 非倭國之臣. 今欲成吾君之志耳, 何敢言於君乎?" 倭王怒曰: "今汝已爲我臣, 而言雞林之臣, 則必具五刑, 若言倭國之臣者, 必賞重祿." 對曰: "寧爲雞林之犬狆, 不爲倭國之臣子, 寧受雞林之箠楚, 不受倭國之爵祿." 王怒, 命屠剝堤上脚下之皮, 刈蒹葭使趨其上.(今蒹葭上有血痕, 俗云堤上之血.) 更問曰 "汝何國臣乎?", 曰 "雞林之臣也." 又使立於熱鐵上, 問 "何國之臣乎?", 曰 "雞林之臣也." 倭王知不可屈, 燒殺於木島中. 美海

87) 昃(측) : 기울다

渡海而來, 使康仇麗先告於國中, 王驚喜, 命百官迎於屈歇驛, 王與親弟寶海迎於南郊, 入闕設宴, 大赦[88]國內, 冊其妻爲國大夫人, 以其女子爲美海公夫人.

議者曰: "昔漢臣周苛[89]在滎陽, 爲楚兵所虜, 項羽謂周苛曰 '汝爲我臣, 封爲萬祿侯', 周苛罵而不屈, 爲楚王所殺. 堤上之忠烈, 無怪於周苛矣." 初, 堤上之發去也, 夫人聞之追不及, 及至望德寺門南沙上, 放臥長號, 因名其沙曰長沙. 親戚二人, 扶腋將還, 夫人舒脚坐不起, 名其地曰伐知旨. 久後夫人不勝其慕, 率三娘子上鵄述嶺, 望倭國痛哭而終, 仍爲鵄述神母, 今祠堂存焉.

<三國遺事>

88) 大赦(대사) : 사면령

89) 周苛(주가) : 漢(한) 沛(패) 땅 사람. 高帝(고제) 때 어사대부로 滎陽(형양)을 지키다가 項羽(항우)에게 잡히어 烹刑(팽형)을 당하였다.

신라 17대 내밀왕이 즉위한 지 36년 해 되는 경인년에 왜왕이 사신을 보내왔다. 사신들은 내밀왕을 뵙고 말하였다. "우리 임금이 대왕의 신성하심을 듣고, 저희 신들로 하여금 백제의 죄를 대왕께 고하라고 하였습니다. 원컨대 대왕께서는 한 왕자를 보내서 우리 왕에게 성심을 표해주십시오." 이에 왕이 3남인 미해를 왜국에 사신으로 보내게 되었다. 미해는 겨우 열 살이라 말과 행동이 아직 완전하지 않았으므로 내신 박사람으로 하여금 따라가게 하였다. 왜왕은 그들을 억류하여 30년 동안 돌려 보내주지 않았다.

눌지왕이 즉위한 3년 째 되는 기미년에, 고구려의 장수왕은 사신을 보내 왔다. "저희 임금이 대왕의 아우인 보해가 지식이 빼어나고 예능도 있다는 것을 듣고, 더불어 친하게 지내고 싶다고 특별히 소신을 보내서 간청합니다."라고 하였다. 왕이 그 말을 듣고는 매우 다행으로 생각하고, 이로 인하여 서로 화합을 하고 통하고자 했다. 아우인 보해에게 고구려에 가도록 하였고, 내신인 김무알을 보필로 해서 보냈다. 장수왕은 또 머무르게 하고 보내지 않았다.

10년이 지난 을축년에 이르러 왕이 여러 신하와 나라 안의 호협을 소집하여 친히 어연을 베풀었다. 술이 세 바퀴 돌고 음악이 비로소 연주되려고 하는데, 왕이 눈물을 흘리며 여러 신하들에게 말하였다. "옛날 나의 아버지는 백성들을 보살피느라 성심을 다하셨다. 그런 까닭에 사랑하는 아들을 왜국에 볼모로 보냈고, 끝내 보지 못하고 돌아가셨다. 또 짐이 즉위한 이래 이웃의 군사들이 매우 치열하고, 전쟁이 그치지 않더니 고구려가 홀로 친교를 맺자는 말을 하여왔소. 짐은 그 말을 믿고, 나의 친동생을 고구려에 볼모로 보냈고, 고구려는 또한 머무르게 하고 보내지 않고 있소. 짐이 비록 부귀한 자리에 처해 있지만, 하루도 아우들을 잊어버리고 울지 않은 적이 없소. 만약 이 두 아우를 볼 수만 있다면, 아우들과 함께 선왕의 묘당에 감사를 드릴 수만 있다면, 능히 나라 사람들에게 은혜를 갚을 것이요. 이 모의와 계책을 누가 능히 성사시킬 수 있으리오?"라고 하였다. 이 때, 여러 관리들이 모두 다 아뢰기를 "이 일은 진실로 쉽지가 않고, 반드시 지혜와 용기가 있어야 가능할 것입니다. 신들은 삽라군 태수인 제상이 좋겠다고 생각합니다."라고 하였다. 왕이 제상을 불러 물어보았다. 제상이 두 번 절하고 대답하여 말하기를 "신이 듣기에, 임금이 근심하고 있으면 신하의 욕이며, 임금이 욕을 당하면 신하는 죽어야 합니다. 만약 쉽고 어려움을 따져서 행한다면, 불충이라고 말하겠습니다. 생사를 미리 도모한 후에 움직인다면, 용기가 없는 것이라고 말할 수 있겠습니다. 신은 비록 어리석지만, 원컨대 명을 받아 가고자 합니다."라고 하였다. 왕이 매우 가상하게 여기고, 술잔을 나눠 마셨으며, 손을 잡고 이별하였다.

제상은 임금님 앞에서 명을 받들어 북쪽 바다로 가는 지름길로 달려갔다. 옷을 바꿔 입고 고구려로 들어갔다. 보해가 있는 곳으로 가서 함께 도망갈 날을 모의하였다. 먼저 5월 15일에 고성의 항만에 배를 정박해놓고 기다리기로 하였다. 약속한 날이 다가오자, 보해는 병을 핑계 대면서, 며칠 동안 조회에 가지 않았다. 마침내 밤중에 도망을 하여 고성 해빈에 이르렀다. 왕이 이것을 알고는 수십 명을 시켜 추적하게 하고 고성에 이르러 가까이 다가왔다. 보해가 고구려에 있을 때, 항상 좌우 사람들에게 은혜를 베풀었으므로 그 군사들이 불쌍히 여기며 가슴 아파했다. 그 친구들이 모두 다 화살촉을 빼고 쏘았고, 마침내 살아 돌아왔다. 왕이 보해를 보자 더욱 미해를 생각하게 되었다. 한편으로는 기쁘고 한편으로는 슬퍼서 눈물을 흘리며 좌우 사람들에게 말하였다. "마치 한 몸에 팔이 하나 밖에 없는 것 같고 얼굴에 눈이 하나 뿐인 것 같으니, 비록 하나를 얻었어도 하나는 없으니, 어찌 가슴이 아프지 않겠느냐?" 이때 제상이 이 말을 듣고는 두 번 절하고 말에 올라탔다. 집에도 들어가지 않고 곧장 율포 바닷가에 이르렀다. 그의 아내가 이야기를 듣고 말을 달려서 율포에 이르렀다. 남편이 이미 배 위에 있는 것을 보고 아내는 간절하게 불렀고, 제상은 다만 손을 흔들 뿐 멈추지 않았다.

왜국에 다다라서 거짓으로 말하였다. "계림왕이 죄도 없는데 나의 부형들을 죽였습니다. 그래서 도망하여 여기까지 오게 되었습니다." 왜왕은 이 말을 믿고, 가정을 이루게 해주어 그를 안착시켰다. 이때 제상은 항상 미해를 모시고 바닷가를 노닐었다. 새와 물고기를 쫓아가 잡아서 왜왕에게 바치니 왕은 매우 기뻐하면서 의심하지 않았다. 때마침 새벽안개가 자욱할 때 제상이 "지금 가시지요."라고 하였다. 미해가 "그러면 같이 갑시다."라고 하자 제상이 말하기를 "신이 만약 간다면, 왜인들이 알고 쫓아올까 두렵습니다. 원컨대 신은 그 추격자들을 막고자 합니다."라고 하였다. 미해가 말하되 "지금 나와 그대는 마치 부형과 같은데, 어찌 그대를 버리고 혼자 돌아가리오?"라고 하였다. 제상이 말하기를 "신은 능히 공의 목숨을 구하고, 대왕의 정을 위로한 것으로 족하니 어찌 살기를 원하겠습니까."라고 하였다. 술을 가져다가 미해에게 바쳤다. 이때, 계림인 강구려라는 사람이 왜국에 있었는데, 그 사람을 딸려 보냈다. 제상은 미해의 방으로 들어가 아침까지 있었다. 좌우 사람들이 들어가 보려고 하자, 제상이 나와 막으면서 말하기를 "어제 말을 타고 사냥하다가, 병이 심해 아직 일어나지 않으셨다."라고 하였다. 해가 저물 때쯤 이르러서, 좌우 사람들이 이상하게 여겨 다시 물어보니, 대답하기를 "미해는 벌써 떠났다."라고 하였다. 좌우 사람들이 달려가서 왕에게 고하고, 왕은 기병을 시켜서 좇아가게 하였으나 미치지 못하였다. 이에 제상을 가두고 물었다. "너는 왜 너희 나라 왕자를 몰래 보냈느냐?" 제상이 대답하기를 "신은 계림의 신이지, 왜국의 신하가 아닙니다. 지금 나는 나의 임금의 뜻을 이루고자 하였을 뿐이니 어찌 감히 그것을 당신에게 말하겠습니까?"라고 하였다. 왜왕이 노해서 말하기를 "지금 너는 이미 나의 신하가 되었는데, 계림의 신하라는 말을 하면 반드시 오형을 갖출 것이다. 그러나 왜국의 신하라고 말하면, 반드시 큰 상을 내릴 것이다."라고 하였다. 대답하기를 "계림의 개, 돼지가 될지언정, 왜국의 신하는 되지 않을 것이고, 계림의 회초리를 맞을지언정, 왜국의 벼슬과 녹은 받지 않을 것이오."라고 하였다. 왕이 화가 나서, 제상의 다리 아래 살갗을 벗겨 내어 예리하게 잘라낸 갈대 위를 달리게 하였다. (지금도 갈대 위에는 피 흔적이 있고, 세속에서는 그것을 제상의 피라고 한다.) 다시 또 묻기를 "너는 어느 나라 신하냐?"라 하니, 대답하기를 "계림의 신하다."라고 하였다. 또 뜨거운 철판위에 세우고, 묻기를 "어느 나라 신하냐?"라고 하니 또 말하기를 "계림의 신하다."라고 하였다. 왜왕은 굽히지 않을 것을 알고, 목도 가운데에서 불태워 죽였다.

미해는 물을 건너서 왔고, 강구려로 하여금 나라 안에 먼저 알리게 하였다. 왕이 놀라고도 기뻐서 백관들에게 굴혈역에 나가 맞이할 것을 명하였다. 더불어 왕은 친히 남교까지 가서 미해를 맞이하였으며, 입궐하여 잔치를 베풀었다. 나라 안에 대사면령을 내렸다, 김제상의 아내를

국대부인으로 삼았고, 딸을 미해공의 부인으로 삼았다.

의논하여 말한다. 옛날 한나라 신하 周苛(주가)라는 사람이 형양에 있을 적에, 초나라 병사에게 사로 잡혔다. 항우가 주가에게 '네가 나의 신하가 되면, 만록을 받는 제후가 되게 해주겠다.'고 하였으나, 주가는 욕하면서 굴하지 않았고, 초왕에게 죽임을 당하였다. 제상의 충렬은 주가에 비해 못하지 않다. 처음 제상이 출발해서 떠났을 적에, 부인이 그 말을 듣고 쫓아갔지만 미치지 못하였다. 망덕사 문 남쪽 모래 위에 이르러 드러누워 길게 소리쳤는데, 이로 인하여 그 모래밭의 이름을 장사라고 하였다. 친척 두 사람이 겨드랑이를 부축하여 가려는데, 부인의 다리가 풀려 일어나지 못하였으니 그 장소를 벌지지라고 하였다. 오래 지나서 부인은 그 사모함을 이기지 못하여서 세 낭자를 거느리고 치술령 위로 올라가서 왜국을 바라보며 통곡을 하다가 죽었다. 마침내 치술신모가 되었고, 지금까지 사당이 있다.

3부

文獻說話

1. 黃喜大悟

昔黃相國喜微時行野, 憩[1]于路上, 見田夫[2]駕二牛耕者, 問曰: "二牛何者爲勝?" 田夫不對, 輟[3]耕而至, 附耳細語曰: "此牛勝." 公怪之曰: "何以附耳細語?" 田夫曰: "雖畜物, 其心與人同. 此勝則彼劣, 使牛聞之, 寧無不平之心乎?" 公大悟, 遂不復言人之長短云.

<芝峰類說>

1) 憩(게) : 쉬다, 휴식하다

2) 田夫 : 農夫와 같은 말

3) 輟(철) : 그치다, 버리다

예전에 황희 정승이 벼슬하기 전에 들판에 나갔다. 길가에서 쉬면서 농부가 두 마리의 소를 멍에하고서 밭을 가는 것을 보고 물었다. "두 마리의 소 중 어느 것이 낫습니까?" 농부는 대답하지 않고 밭갈이를 그치고 와 귀에 대고 작은 소리로 "이 소가 낫습니다."라고 하였다. 공이 괴상하게 여겨 "무엇 때문에 귀에 대고 작은 소리로 말합니까?"라고 하니, 농부가 말하기를 "비록 짐승이라 할지라도, 그 마음은 사람과 같습니다. 이것이 나으면 저것은 못한 것이니, 소가 이 말을 듣게 되면 어찌 불평하는 마음이 없겠습니까?" 공이 크게 깨달아 다시는 남의 장단점을 말하지 않았다고 한다.

2. 兄弟投金

高麗恭愍王時, 有民兄弟. 同行, 弟得黃金二錠, 以其一與兄. 至孔巖津[4], 同舟而濟, 弟忽投金於水. 兄怪而問之, 答曰: "吾平日愛兄篤, 今而分金, 忽生忌兄之心. 此乃不祥之物也. 不若投諸江[5]而忘之." 兄曰: "汝言誠是." 亦投金於水. 時同舟者皆愚民, 故無有問其姓名邑里云.

<新增東國輿地勝覽>

4) 孔巖(공암) : 서울특별시 양천구의 옛 이름

5) 投諸江 : 投之於江, 諸는 之於의 준말

고려 공민왕 때에 백성 가운데 한 형제가 있었다. 함께 가다가 아우가 황금 두 덩어리를 얻었고, 그 하나를 형에게 주었다. 공암진에 이르러 함께 배를 타고 건너다가 아우가 갑자기 금을 물에 던졌다. 형이 괴이하여 물으니 대답하기를 "내가 평일에는 형을 매우 사랑하였는데, 이제 금을 나누고 나니 갑자기 형을 꺼리는 마음이 생겼소. 이는 곧 상서롭지 않은 물건이니 강에 던져버리고 잊어버리는 것이 낫겠소."라고 하였다. 형이 또한 "너의 말이 진실로 옳다." 라고 하면서 금을 물에 던졌다. 당시 함께 배를 탄 사람들이 모두 어리석은 백성인 까닭에 그들의 이름과 사는 곳을 물은 이가 없었더라.

3. 犬墳曲

崔 滋

金盖仁居寧縣人也. 畜[6]一狗甚憐. 嘗一日出行, 狗亦隨之. 盖仁醉臥道周而睡. 野燒將及. 狗乃濡身[7]于傍川, 來往環繞以潤著草茅, 令絶火道, 氣盡乃斃[8]. 盖仁旣醒, 見狗迹悲感, 作歌寫哀, 起墳以葬, 植杖以誌之, 杖成樹. 因名其地爲獒樹[9]. 樂譜中有犬墳曲是也.

後人作詩云: "人恥呼爲畜, 公然負大恩. 主危身不死, 安足犬同論." 晉陽公[10]命門客 作傳記 行於世. 意欲使

6) 畜(휵) : 기르다, 양육하다

7) 濡身(유신) : 몸을 적시다

8) 斃(폐) : 넘어지다, 넘어져서 죽다

19) 獒樹(오수) : 전라북도 임실군 오수면

20) 晉陽公 : 崔怡(?-1249). 고려의 권신. 최충헌의 아들로 아버지를 이어 집권함. 초명은 瑀(우)

世之受恩者 知有以報也.

<補閑集 中>

김개인은 거령현 사람이다. 개 한 마리를 길렀는데 매우 귀여워하였다. 어느 날 외출하는데, 개도 따라 나섰다. 개인이 술에 취해서 길가에 누워 잠이 들었다. 그때 들불이 장차 번져 오게 되었다. 개는 곧 곁에 있는 냇물에 몸을 적셔, 주위를 빙 둘러 풀과 잔디를 적시며 불길을 막아 놓았다. 기운이 다하여 그만 죽고 말았다. 개인이 잠에서 깨어나 개가 한 자취를 보고는 슬피 감동하였다. 노래를 지어 슬픔을 기록하고, 무덤을 만들어 장사 지냈다. 지팡이를 꽂아 표시해 두었는데 이 지팡이가 나무로 자라났다. 이로 인해 그곳 지명을 오수라고 하였다. 악보 중에 〈견분곡〉이 이것이다.

뒤에 어떤 사람이 시를 지었다. "사람들은 짐승이라 불리는 것을 부끄러워하지만, 공공연히 큰 은혜를 저버린다네. 주인이 위태로울 때 주인 위해 죽지 않는다면, 어찌 개와 한 가지로 논할 수 있겠는가." 진양공이 문객에게 그 전기를 지어 세상에 전파하도록 하였다. 이는 세상에 은혜를 입은 자들이 갚을 줄 알도록 하기 위함이었다.

4. 笑 話

徐居正

金先生善談笑. 嘗訪友人家, 主人設酌, 只佐蔬菜, 先謝曰: "家貧市遠, 絶無兼味, 惟淡泊, 是愧耳." 適有群鷄, 亂啄庭. 金曰: "大丈夫不惜千金, 當斬吾馬, 佐酒." 主人曰: "斬馬, 騎何物以還?" 金曰: "借鷄騎還." 主人大笑, 殺鷄餉之. 仍與大噱[11]

<太平閑話滑稽傳>

21) 噱(갹) : 크게 웃다

김선생은 담소를 잘하였다. 한번은 친구 집을 방문했더니, 주인이 술상을 마련하였는데 단지 채소만으로 술안주를 마련하였다. 먼저 사과하면서 "집이 가난하고 시장도 멀어 맛있는 음식이 전혀 없고, 오직 담박한 것뿐이라 부끄럽네."라고 하였다. 마침 여러 닭들이 뜰에서 어지러이 모이를 쪼고 있었다. 김선생이 "대장부는 천금을 아끼지 않는다 하니, 내 말을 잡아 술안주 하세."고 하였다. 주인이 "말을 잡으면 무엇을 타고 돌아가려고?"라고 하니, 김선생이 "닭을 빌려 타고 가지."라고 하였다. 주인이 크게 웃으며 닭을 잡아서 대접하였다. 인하여 실컷 웃고 놀았다.

5. 索還板齒

徐居正

鷄林[12]有一官娼[13], 美而艶. 有長安一年少, 情頗珍重. 娼紿[14]曰: "妾本班閥, 沒爲婢時, 未經男子." 年少尤惑之. 娼臨別善哭, 年少傾行橐[15]贈之. 娼謝曰: "願得切身之物, 不願財賄[16]." 年少卽斷髮與之. 娼曰: "毛髮猶外也, 願得尤切者." 年少斫板齒[17]而與之. 及還京, 忽忽不樂. 人有自鄕來者, 年少廉問, 娼纔別, 就他家, 怒之, 而遣蒼頭, 索還板齒.

---

22) 鷄林(계림) : 慶州(경주)의 별칭

23) 官娼(관창) : 관가에 속한 娼妓(창기)

24) 紿(태) : 속이다

25) 行橐(행탁) : 배낭

26) 財賄(재회) : 재물 선물, 뇌물

27) 板齒(판치) : 앞니

娼撫掌大笑曰: "痴[18]孩子, 屠門[19]戒殺, 娼家責禮, 非愚則妄. 可揀爾痴孩子齒去." 擲一布袋, 乃平生所得男齒也.

<太平閑話滑稽傳>

---

28) 痴(치) : 어리석다

29) 屠門(도문) : 도살장

계림에 한 관기가 있었는데, 아름답고 예뻤다. 서울에서 내려간 한 소년이 그녀를 사랑하여 정이 자못 진중하였다. 기생이 속여서 말하였다. "저는 본래 양반이었는데, 몰락을 해서 노비가 될 당시에는 아직도 남자를 겪어보지 못하였답니다." 소년이 더욱 혹하게 되었다. 이별에 임하여 기생은 몹시 슬프게 울었다. 소년은 행장을 기울여서 있는 대로 다 주었다. 기생이 사양하며 말하기를 "원컨대 몸의 일부인 소중한 물건을 얻기를 원합니다. 재물은 원치 않습니다."라고 하였다. 소년은 즉시 머리카락을 잘라서 주었다. 기생이 "모발은 바깥에 있는 것이니, 더욱 절실한 것을 얻기를 원합니다."라고 하였다. 소년은 앞니를 뽑아서 주었다.

서울로 돌아오자 소년은 계속 실의에 빠져 우울하였다. 계림에서 온 사람이 있어, 염문을 하여 보았다. 그랬더니 기생은 이별을 하자마자 벌써 다른 남자에게로 가버렸다고 한다. 소년은 화가 나서 창두를 보내 앞니를 찾아오라고 하였다.

기생은 박수를 치며 크게 웃었다. "어리석은 아이로군. 도살장에 가서 살생하지 말라 하고, 창가에 와서 예를 지키라 책망하는구나. 어리석은 것이 아니면 망령이 난 것이다. 네 어리석은 주인아이의 이를 골라 가거라." 기생이 포대 하나를 던져주는데, 바로 평생 얻은 남자의 치아였다.

6. 心火繞塔

志鬼新羅活里驛人, 慕善德王之美麗, 憂愁涕泣, 形容憔悴[20]. 王幸寺行香[21], 聞而召之. 志鬼歸寺塔下, 待駕行, 忽然睡酣[22]. 王脫臂環, 置胸[23]還宮. 後乃睡覺, 志鬼悶絶[24]良久[25], 心火出繞其塔, 卽變爲火鬼. 王命術士[26]作呪詞曰, "志鬼心中火, 燒身[27]變火神, 流移滄海外, 不見不相親." 時俗帖此詞於門壁, 以鎭火災.

<大東韻府群玉>

30) 憔悴(초췌) : 병, 근심, 고생 따위로 얼굴이나 몸이 여위고 파리하다.

31) 行香(행향) :법회 때 중들에게 향을 나눠주거나 부처 앞에 분향하는 일.

32) 酣(감) : 즐기다. 여기서는 잠이 무르녹음. 깊은 잠에 빠짐.

33) 置胸(치흉) : 가슴에 두다

34) 悶絶(민절) : 기절함

35) 良久(양구) : 한참 있다가

36) 術士(술사) : 음양오행이나 卜術(복술)에 능한 사람

37) 燒身(소신) : 몸을 불사르다

지귀는 신라 활리역 사람이다. 선덕여왕의 아름다움을 사모하여, 근심하며 울고 지내다가 모습이 초췌해졌다. 왕이 절에 행차하여 불공을 드리려는데, 이 말을 듣고 그를 불렀다. 지귀는 절의 탑 아래에서 왕의 행차를 기다리다가 그만 잠이 들었다. 왕은 팔찌를 빼서 가슴에 얹어두고 궁으로 돌아왔다. 잠에서 깨어난 후 지귀는 기절하였다. 마음에 불이 나서 탑돌이를 하다가 불귀신으로 변해버렸다. 왕이 술사에게 명해서 주사를 짓게 하니, "지귀 마음속의 불이, 몸을 태워 불의 신이 되었다. 창해 밖으로 옮겨가서 보지도 말고 서로 친하지도 말지니라." 당시 풍속에 이 글귀를 벽에 붙여 화재를 막았다.

7. 晉陽圖

李仁老

晉陽[28]古帝都, 溪山勝致, 爲嶺南第一. 有人作其圖, 獻[29]李相國之氐[30]. 帖諸[31]壁以觀之. 軍府參謀榮陽與齡[32]往謁. 相國指之曰: "此圖是君桑梓鄉[33]也. 宜有一句." 操筆立就云: "數點靑山枕碧湖, 公言此是晉陽圖. 水邊艸屋知多少, 中有吾廬畵也無." 一座服其精敏.

<破閑集 上>

---

38) 晉陽(진양) : 경상남도 진주시의 옛 이름

39) 獻(헌) : 바치다

40) 李之氐(이지저, 1092-1145) : 고려 인종 때의 문인

41) 之於의 준말, 帖之於壁

42) 榮陽 鄭與齡 :고려 인종 때의 무신

43) 桑梓鄉(상재향) :고향. 옛날에는 선조의 무덤가에 뽕나무와 가래나무를 심어 선조를 잊지 말 것을 당부했다고 한다. 그래서 뽕나무와 가래나무가 있는 곳이 고향이라는 의미로 쓰인다.

진양은 옛날 큰 도읍이다. 산과 계곡의 빼어난 경치가 영남 제일이다. 어떤 사람이 그 그림을 그려 상국 이지저에게 바쳤다. 그는 벽에 걸어두고 그림을 보곤 하였다. 군부참모 영양 정여령이 찾아왔다. 상국이 그것을 가리키며 말했다. "이 그림은 당신 고향을 그린 것이다. 마땅히 시 한 구절은 읊어야겠지." 정여령은 붓을 잡고 즉시 나아가 시를 썼다. "두어 점 청산은 푸른 호수를 베고 누웠는데, 공은 이것을 진양도라 하네. 물가 초가집은 얼마나 되는지 알겠으나, 그림 속에 내 오두막은 있는지 없는지." 그 자리에 있던 사람들이 그의 재주에 탄복하였다.

8. 徐花潭

李圭景

徐花潭家貧, 兒時父母使採蔬田間, 每日必遲歸, 蔬不盈筐. 父母怪而問故. 對曰: "採蔬時有鳥飛, 今日離地一寸, 明日離地二寸, 又明日離地三寸, 漸次向上而飛. 觀此鳥, 思其理, 故每日遲歸, 而蔬不盈筐也."

<國朝彙言>

서화담은 집이 가난하였다. 어릴 적에 부모가 밭 사이에서 나물을 캐오라고 하였다. 매일 늦게 돌아왔으나, 나물은 바구니에 가득 차지도 않았다. 부모가 이상하게 여기고 그 까닭을 물었다. 대답하기를 "나물을 캐고 있을 적에 새 한 마리가 날고 있었습니다. 오늘은 땅에서 한 치를 올라갔고, 다음날은 땅에서 두 치를 올라갔습니다. 또 그 다음날은 땅에서 세 치를 올라가 점차 위를 향해 날고 있었습니다. 이 새를 보고 이치를 생각하느라, 매일 늦게 돌아오면서도 나물은 바구니에 가득 차지 못하였던 것입니다."라고 하였다.

9. 蔡壽有孫

柳夢寅

蔡壽有孫曰無逸. 年纔五六歲, 壽夜抱無逸而臥, 先作一句詩曰: “孫子夜夜讀書不” 使無逸對之. 對曰: “祖父朝朝藥酒猛.” 壽又於雪中, 負無逸而行, 作一句曰: “犬走梅花落” 語卒, 無逸對曰: “鷄行竹葉成.”

<於于野談>

채수에게 손자가 있으니 무일이라 한다. 나이가 겨우 5, 6세가 되었을 때 채수가 밤에 무일을 안고 누워 먼저 한 구절을 지었다. "손자는 밤마다 책을 읽지 않는구나." 무일에게 대구를 지으라 하였다. 무일이 "할아버지는 아침마다 약주를 심하게 드시네."라고 하였다.

또 채수는 눈이 내릴 때, 무일을 업고 나가 한 구절을 지었다. "개가 달리자 매화가 떨어지는구나." 말을 마치자마자 무일이 대구를 지었다. "닭이 지나가니 대나무 잎이 핀다."

10. 忍 辱

李肯翊

尹淮少時有鄕里之行. 暮投逆旅[34], 主人不許止宿, 坐於庭畔. 主人兒持大眞珠出來, 落於庭中, 旁有白鵝卽呑之. 俄而主人索珠不得, 疑公竊取[35], 縛之, 朝將告官. 公不與辯, 只云: "彼鵝亦繫吾傍." 明朝珠從鵝後出, 主人慙謝曰: "昨何不言?" 公曰: "昨若言之, 則主人必剖鵝覓珠, 故忍辱而待."

<燃藜室記述>

1) 逆旅 : 逆은 迎의 뜻. 나그네를 맞이하는 곳, 즉, 여관. 投는 여관에 들다

2) 竊取(절취) : 몰래 훔치다

윤회가 젊은 시절 시골에 갔다. 날이 저물어 여관을 찾았으나, 주인이 투숙을 허락하지 않아 할 수 없이 뜰아래 앉아 있었다. 그때 주인집 아이가 큰 진주를 가지고 마당에서 놀다가 땅에 떨어뜨렸다. 마침 곁에 있던 흰 거위가 그것을 삼켜 버렸다. 잠시 후에 집주인이 진주를 찾다가 끝내 찾지 못하자 공이 훔쳤다고 의심하였다. 그를 꽁꽁 묶고 아침에 관아로 데리고 갈 작정이었다. 공은 한 마디 변명도 하지 않고 다만 "거위도 내 곁에 묶어 두시오."라고 하였다. 이튿날 아침 거위의 똥 속에서 진주가 나왔다. 주인은 부끄러워 사과하였다. "어제는 왜 말하지 않았소?"라고 하니 공이 말하기를 "만약 어제 말했다면, 주인은 반드시 저 거위의 배를 가르고 진주를 찾았을 겁니다. 그래서 모욕을 참고 아침까지 기다린 것이오."라고 하였다.

11. 鰲城 李恒福

鰲城李恒福居相位, 有達官來謁. 皆坐而受拜. 一日有報申訓導在門, 公徒跣而出, 迎入升堂, 俛受所言, 應對甚恭. 家人怪問之, 是公兒時所受業者也. 明日往謝所館, 將綿布[36]十餘端米數石 以供旅次之費. 其人曰: "行旅所需數斗米足矣." 其餘謝不受. 可見其人之賢, 而亦見公尊師好德之誠, 足以爲範於世矣.

---

3) 綿布(면포) : 비단, 솜을 자아 만든 실로 짠 베. '무명'이라고도 한다

오성 이항복이 정승 자리에 있을 때였다. 현달한 관리가 찾아와 인사하면 모두 자리에 앉아서 절을 받았다. 하루는 신훈도라는 이가 문 앞에 와 있다고 하자, 공은 맨발로 나아가 맞아들여 마루에 오르게 했다. 그가 하는 말을 머리를 숙여 들으며, 응대가 매우 공손하였다. 집안사람들이 이상하게 여겨 물어보니, 이 사람은 공이 어려서 배운 사람이었던 것이다. 다음날에 스승이 머무는 객관에 가서 인사를 드리고, 면포 10여 단과 쌀 몇 섬을 가지고 가서 여행에 드는 비용에 보태도록 하였다. 그 사람이 "여행에 드는 것은 쌀 몇 말이면 족하다."라며, 나머지는 사양하고 받지 않았다. 그 사람의 어짊을 알 수 있으며 또 공이 스승을 존경하고 덕을 좋아하는 마음을 볼 수 있으니 세상의 모범이 되기에 족하다.

12. 孀女

有一宰相之女, 出嫁未朞[37]而喪夫, 孀居于父母之側矣. 一日, 宰相自外而入內, 見其女在於下房, 而凝粧盛飾, 對鏡自照, 而已擲鏡而掩面大哭. 宰相見其狀, 心甚惻然, 出外而坐, 數食頃無語. 適有親知武弁[38]之出入門下者, 無家無妻之人, 而年少壯健者也, 來拜問候.

宰相屛人[39], 言曰: "子之身世, 如是其窮困, 君爲吾之女壻[40]否?"

其人惶感曰: "是何敎也? 小人不知敎意之如何, 不敢奉

4) 朞(기) : 일 년. 未朞는 일 년도 안 되어.

5) 武弁(변) : 무관이 쓰던 冠의 하나로 일반적으로 무인의 뜻으로 쓰임.

6) 屛人: 사람을 물리치고.

7) 女壻(여서) : 사위

命矣!" 宰相曰: "吾非戱言耳."

仍自櫃[41]中, 出一封銀子給之曰: "持此而往, 貰健馬及轎子[42], 待今夜罷漏[43]後來, 待于吾後門之外. 切不可失期!" 其人半信半疑, 第受之, 而依其言, 備轎馬, 待之于後門矣.

自暗中宰相携一女子出, 使入轎中而誡之曰: "直往北關[44]居生, 而絶跡於門下."

其人不知何許委折[45], 第隨轎出城而去. 宰相入內, 至下房而哭曰: "吾女自決矣."

---

8) 櫃(궤) : 함.

9) 轎子(교자) : 가마. 子는 助字.

10) 罷漏(파루) : 五更에 큰 쇠북을 33번 쳐서 통금이 해제됨을 알림.

11) 北關(북관) : 함경도 지방.

12) 委折(위절) : 曲折(곡절),영문.

家人驚惶而皆擧哀[46]. 宰相仍言曰: "吾女平昔不欲見人, 吾可襲斂[47], 雖渠之甥兄, 不必入見矣." 仍獨自斂而裹之, 作屍體樣, 而覆以衾, 始通于其舅家. 入棺後, 送葬于舅家先山之下矣.

過幾年後, 其宰相子, 以繡衣[48]按廉關北. 行到一處, 入一人家, 則主人起迎, 而有兩兒, 在房讀書, 狀貌淸秀, 頗類自家之顔面, 心竊怪之. 日勢已晩, 又憊困, 仍留宿矣. 至夜深, 自內忽有一女子出來, 把手而泣. 驚而熟視之, 卽其已死之妹. 不勝驚訝而問之, 則以爲: "因親敎而居于此, 已生二子, 此是其兒矣." 繡衣口噤, 半晌[49]無語, 略敍阻

13) 擧哀(거애) : 소리 높여 곡하면서 애도함.

14) 襲殮(습렴) : 殮襲(염습).

15) 繡衣(수의) : 암행어사. 수의는 암행어사의 정식 복장.

16) 半晌(반향) : 반나절.

懷, 而待曉辭去.

復命[50], 還家, 夜侍其大人宰相而坐時, 適從容低聲而言曰: "今番之行, 有可怪之事矣."

宰相張目熟視而不言, 其子不敢發說而退. 其宰相之姓名 不記.

<靑邱野談>

17) 復命(복명) : 임금의 명을 받아 지방에 나갔다가 돌아와서 임금에게 보고함.

▶▶▶ 해설

과부의 개가를 다룬 이 이야기는 원래 "과부 딸이 가엾어서 가난한 무반에게 부탁하다(憐孀女宰相囑窮弁)" 라는 제목을 가지고 있다. 남편을 따라 죽는 從死(종사)가 만연하던 조선후기에 시집간 지 1년도 안 되어 과부가 된 딸이 불쌍하여 새로운 삶을 찾게 해주는 아버지 이야기다. 무조건 죽은 남편을 따라가는 여성을 칭송하는 열녀담이 무색해지는 새로운 시대상을 반영하는 야담이다.

한 재상의 딸이 시집간 지 1년이 못 되어 남편을 잃었다. 과부는 친정 부모의 곁에 살고 있었다. 하루는 재상이 밖에서 안으로 들어오다가 딸이 아랫방에 있는 것을 보았다. 곱게 화장하며 잘 차리고서는 거울을 비춰 보았다. 그러더니 거울을 던지며 얼굴을 가리고 대성통곡을 하였다. 재상이 그 모습을 보고 마음이 매우 측은하였다. 밖으로 나와 한참 동안 말이 없었다. 그때 마침 문하를 드나드는 친지 중에 무관인 자가 있었는데, 집도 없고 아내도 없는 젊은 사람이었다. 와서 인사를 하니, 재상은 사람들을 물리치고 그에게 말하였다. "자네의 신세가 이처럼 곤궁하니, 나의 사위가 되지 않겠는가?" 그 사람은 황감하여 말했다. " 이 무슨 말씀이십니까? 소인은 어찌된 말씀인지 몰라 감히 명을 받들지 못하겠습니다." 그러자 재상은 "내가 농담이 아닐세." 그러면서 궤를 열어 은자를 꺼내어 주면서 말했다. "이것을 가지고 가서 건장한 말과 가마를 빌려오게. 오늘 밤 파루를 치면 와서 내 집 후문 밖에서 기다리게. 절대 시간을 어기면 안 되네." 그 사람은 반신반의하면서 은자를 받았다. 그 말대로 가마와 말을 준비해서 후문에서 기다렸다. 어둠 속에서 재상이 한 여자를 데리고 나와 가마 안으로 들어가게 하고 타일렀다. "곧장 북관으로 가서 살아라. 절대로 이 집에 발을 들여놓아선 안 된다." 그 사람은 무슨 곡절인지도 모르고 다만 가마를 따라 성을 나와서 갔다.

재상은 안으로 들어가 아랫방에 이르러 곡을 하며 말했다. "내 딸이 자결했다." 가족들이 놀라고 당황하며 모두 슬피 울었다. 재상은 이어 말하기를 "내 딸은 평소에 다른 사람 보는 걸 싫어하였다. 내가 염습할 것이니 그 애의 오빠라도 들어와 보면 안 된다." 그리고는 혼자서 염습을 하고 옷을 입혔다. 시신의 모양을 만들어 이불로 덮었다. 그런 후 비로소 시가에 연락을 하였다. 입관 후에 시가의 선산 아래 장사지냈다.

몇 년 후 재상의 아들이 암행어사가 되어 관북지방에 갔다. 한 곳에 이르러 어떤 사람 집에 들어갔더니 주인이 일어나 맞이하였다. 두 아들이 방에서 책을 읽고 있는데, 모습이 맑고 빼어나 자못 자신의 집안 안면과 유사한 것이 마음속으로 이상하게 여겨졌다. 날이 저물고 피곤하여 이 집에서 머물렀다. 밤이 깊어 안에서 갑자기 한 여자가 나오더니 손을 잡고 울었다. 놀라 가만히 보니 이미 죽은 줄 알았던 누이였다. 놀라움을 이기지 못하고 물어보니, "아버지의 말씀대로 여기에 살면서 두 아들을 낳았으니 바로 이 아이들입니다." 라고 하였다. 어사는 말문이 막혀 한참을 말없이 있다가 대략 막힌 회포를 풀었다. 그리고 새벽을 기다려 작별하고 떠났다. 임금께 복명한 후 집에 돌아와 아버지 재상을 모시고 앉았을 적에 조용한 틈을 타 낮은 소리로 말했다. "이번 행차에 이상한 일이 있었습니다." 재상은 눈을 크게 뜨고 가만히 응시하며 아무 말도 하지 않았다. 아들은 감히 발설하지 못하고 물러나왔다. 그 재상의 성명은 기록하지 않는다.

4부

論說 및 文藝文

1. 我國詩文

金萬重

我國詩文捨其言, 而學他國之言. 設令十分相似, 只是鸚鵡之人言, 而閭巷間樵童汲婦咿啞而相和者, 雖曰鄙俚, 若論眞贗, 則固不可與學士大夫所謂詩賦者 同日而論[1]. 況此三別曲[2]者, 有天機之自發[3], 而無夷俗之鄙俚, 自古左海眞文章, 只此三篇.

<西浦漫筆>

---

18) 不可與~同日而論 : ~과는 같은 날에 논할 수 없음. 즉, 비교가 안될 만큼 차이가 많다.

19) 三別曲 : 송강 정철이 지은 〈사미인곡〉, 〈속미인곡〉, 〈관동별곡〉.

20) 天機之自發 : 천부적인 靈性이 저절로 발현되었다는 뜻으로, 인공적인 흔적 없이 매우 자연스럽게 이루어진 예술작품을 일컫는 말.

우리나라의 시문은 제 말을 버리고 남의 나라 말을 배우고 있다. 설령 그것이 아무리 비슷하더라도 앵무새가 사람의 말을 흉내 내는 데 지나지 않는다. 마을의 나무꾼 아이와 물 긷는 아낙네들이 흥얼거리며 서로 화답하는 소리가, 비록 비속하다고는 하나, 참과 거짓을 논한다면 사대부들의 시부와 결코 같이 말할 수 없는 것이다. 하물며 이 세 별곡은 하늘이 내린 영감을 자연스럽게 드러내어 세속의 비리함이 없으니, 예부터 우리나라의 참된 문학작품은 오직 이 세 편이라고 할 수 있다.

2. 谿谷漫筆 抄

張 維

中國學術多歧, 有正學[4)]焉, 有禪學[5)]焉, 有丹學[6)]焉. 有學程朱者[7)], 學陸氏者, 門徑不一, 而我國則無論有識無識, 挾策讀書者皆稱誦程朱, 未聞有他學焉. 豈我國士習果賢於中國耶. 曰非然也. 中國有學者, 我國無學者. 蓋中國人材志趣頗不碌碌, 時有有志之士, 以實心向學, 故隨其所好, 而所學不同, 然往往各有實得.

我國則不然. 齷齪拘束, 都無志氣, 但聞程朱之學, 世

21) 正學(정학) : 유가의 학문

22) 禪學(선학) : 불가의 학문

23) 丹學(단학) : 도가의 학문

24) 程朱(정주) : 정자(程子)와 주자(朱子)를 가리킨다.

所貴重, 口道而貌尊之而已. 不唯無所爲雜學者, 亦何嘗有得於正學也. 譬猶墾土播種, 有秀有實而後, 五穀與稊稗[8]可別也. 茫然赤地之上, 孰爲五穀, 孰爲稊稗者哉.

<谿谷漫筆>

25) 稊稗(제비) : 돌피와 쭉정이

중국의 학술은 다양하다. 정학이 있고, 선학이 있고, 단학이 있다. 정자와 주자를 배우는가 하면, 육상산을 배우기도 하는 등 학문의 길이 하나만 있지 않다. 우리나라의 경우는 유식, 무식을 막론하고 책을 끼고 다니며 글을 읽는 자들을 보면 모두가 정주만을 칭송할 뿐, 다른 학문이 있다는 말은 들어보지 못하였다. 어쩌면 우리나라의 선비들이 중국보다 더 훌륭해서 그런 것인가. 그렇지 않다. 중국에는 학자가 있는 반면에, 우리나라에는 학자가 없기 때문이다. 대체로 중국의 인재들은 그 뜻이 결코 녹록하지 않아서, 이따금씩 큰 뜻을 품은 인사가 나오면, 성실한 마음가짐으로 학문의 길에 매진한다. 자기의 취향에 따라서 배운 바가 서로 다를지라도, 각자 실제로 터득함이 있게 되는 것이다.

그런데 우리나라는 그렇지를 못하다. 기국이 워낙 좁아 구속을 받은 나머지, 도대체 志氣(지기)라는 것을 찾아볼 수가 없다. 그저 정주의 학문이 세상에서 귀중하다는 말만 듣고는, 입으로 뇌까리고 겉모양만 높이고 있을 따름이다. 다양한 학문을 하는 자가 없을 뿐 아니라 또한 정학 방면에도 무슨 소득이 있겠는가. 이를 비유하자면 땅을 개간하고 나서 씨를 뿌려야만, 이삭이 패고 열매를 맺을 것이고, 그 뒤에야 오곡인지 쭉정인지를 구별해 낼 수 있는 것과 같다고 할 것이다. 그런데 눈에 보이는 것이라곤 말라비틀어진 땅 덩어리 뿐인데, 거기에서 무엇이 오곡이고, 무엇이 쭉정인지 알 수 있겠는가.

3. 陶山十二曲跋

李 滉

右陶山十二曲者 陶山老人之作也. 老人之作此 何爲也哉. 吾東方歌曲大抵多淫哇[9]不足言. 如翰林別曲之類 出於文人之口, 而矜豪放蕩, 兼以褻慢[10]戱狎, 尤非君子所宜尙. 惟近世有李鼈六歌者, 世所盛傳, 猶爲彼善於此, 亦惜乎其有玩世不恭之意, 而少溫柔敦厚之實也. 老人素不解音律, 而猶知厭聞世俗之樂. 閒居養疾之餘, 凡有感於情性者, 每發於詩. 然今之詩異於古之詩, 可詠而不可歌也. 如欲歌之, 必綴以俚俗之語. 蓋國俗音節所不得不然也.

---

26) 淫哇(음왜) : 음란한 소리

27) 褻慢(설만) : 무례하고 방자함

故嘗略倣李歌, 而作爲陶山六曲者二焉. 其一言志, 其二言學, 欲使兒輩朝夕習而歌之, 憑几而聽之, 亦令兒輩自歌, 而自舞蹈之. 庶幾可以蕩滌鄙吝[11], 感發融通, 而歌者與聽者不能無交有益焉. 顧自以蹤跡頗乖, 若此等閒事或因以惹起鬧端, 未可知也. 又未信其可以入腔調諧音節與未也. 姑寫一件, 藏之篋笥, 時取玩以自省, 又以待他日覽者之去取云爾.

<『退溪集』 卷43>

---

28) 鄙吝(비린) : 더럽고 인색함

도산십이곡은 도산노인이 지은 것이다. 노인이 이 곡을 지은 것은 무엇 때문인가. 우리 동방의 노래는 대부분 음란하여 족히 말할 것이 없다. 한림별곡류는 글하는 사람의 입에서 나왔으나, 교만하고 방탕하며 겸하여 점잖지 못하고 장난기가 있어 더욱 군자가 숭상해야 할 바가 아니다. 오직 근세에 이별의 육가가 세상에 성대하게 전하니, 그것이 이것보다는 나은 듯하다. 그래도 세상을 희롱하고 불공한 뜻만 있고 온유돈후한 내용이 적은 것을 애석하다.

노인은 평소 음률을 알지 못하나, 그래도 세속의 음악은 듣기 싫어할 줄은 안다. 한가히 살면서 병을 돌보는 여가에 무릇 성정에 느낌이 있으면 항상 시로 나타내었다. 그러나 지금의 시는 옛날의 시와는 달라서 읊을 수는 있어도 노래하지는 못한다. 만약 노래하려면, 반드시 시속말로 엮어야 된다. 대개 우리나라 풍속의 음절이 그렇게 하지 않을 수가 없는 것이다. 그래서 내가 일찍이 이별의 육가를 모방하여, 도산 육곡이란 것을 지은 것이 둘이다. 그 하나는 뜻을 말함이요, 또 하나는 학문을 말한 것이다. 이 노래를 아이들로 하여금 아침저녁으로 익혀서 노래하게 하고 안석에 기대어 듣기도 하고, 또한 아이들이 스스로 노래하고 춤추게 한다. 그렇게 하면 비루한 마음을 씻어버리고, 감화되어 분발하고 마음이 화락해져서, 노래하는 자와 듣는 자가 서로 유익함이 있을 것이라고 본다. 나의 처신을 돌아보면 자못 세상과 맞지 않으니, 이런 한가한 일이 혹시나 말썽을 일으키는 단서가 될지 알 수 없다. 또 이 곡조가 노래 곡조에 들어가면 음절에 맞을지도 확신하지 못한다. 당분간 한 부를 써서 상자에 넣어 놓고 때때로 내어 스스로 반성해보고, 또 훗날에 이를 보는 자의 취사선택을 기다릴 뿐이다.

4. 芝峰類說 抄

李睟光

蘭雪軒許氏 正字金誠立之妻, 爲近代閨秀第一. 早夭, 有詩集行世. 平生琴瑟不和, 故多怨思之作. 其采蓮曲曰: 秋淨[12]長湖碧玉流, 荷花深處繫蘭舟[13], 逢郎隔水投蓮子[14], 遙被人知半日羞.

中朝人購其詩集, 至入於耳談.

金誠立少時讀書江舍. 其妻許氏寄詩云: 燕掠斜簷[15]兩兩飛, 落花撩亂撲羅衣, 洞房極目傷春意, 草綠江南人未歸.

---

29) 淨(정) : 맑다. 고요하다

30) 蘭舟(난주) : 木蘭舟, 목난으로 만든 배

31) 蓮子(연자) : 연밥

32) 簷(첨) : 처마

此兩作近於流蕩[16], 故不載集中云. 其他樂府宮詞[17]等作多竊取古詩, 故洪參議慶臣 許正郎㰀 乃其一家人, 常言雪軒詩二三篇外, 皆是僞作, 而其白玉樓上樑文亦許筠與李再榮所撰云.

趙僉知瑗妾李氏, 號玉峯. 送人往驪江詩曰: 神勒烟波[18]寺, 淸心雪月樓[19]. 謝人來訪曰: 飮水文君[20]宅, 靑山謝眺[21]廬, 庭痕雨裡屐, 門到雪中驢[22]. 飮水卽其所居也.

其魯山墓[23]詩曰: 五日長干三日越[24], 哀詞唱斷魯陵雲,

33) 蕩(탕) : 방탕하다

34) 宮詞(궁사) : 오로지 궁중의 瑣事를 읊은 시

35) 烟波(연파) : 안개 낀 파도

36) 淸心樓(청심루) : 경기도 여주에 있는 객관

37) 文君(문군) : 漢의 卓文君. 과부가 된 후에 사마상여와 함께 臨邛으로 도망가 살았다.

38) 謝眺(사조) : 南齊의 시인

39) 驢(려) : 당나귀

40) 魯山墓(노산묘) : 노산군(단종)의 묘

41) 寧越(영월) : 강원도 영월. 단종의 능이 있음.

妾身亦是王孫女, 此地鵑聲不忍聞.

又閨情詩曰: 有約郞何晩, 庭梅落已多, 忽聞枝上鵲, 虛畵鏡中蛾. 佳矣.

李氏能屬文, 有一村婦, 其夫以盜牛被囚[25], 李氏書其狀尾曰: 妾身非織女, 郞豈是牽牛. 太守見而奇之, 竟解放.

按堯山堂記, 李白微時, 驅牛過縣令堂下, 令妻怒責. 白以詩謝曰: 若非是織女, 何得問牽牛. 令驚異之. 又此句出詩學大成, 而用之於盜牛, 爲可喜.

楊斯文士奇妾能屬詞. 士奇豊川府使, 往安岳, 未還. 其妻寄詩曰: 悵望長途不掩扉, 夜深風露濕羅衣, 楊山舘裡花千樹, 日日看花歸未歸. 楊山卽安岳別名.

---

42) 囚(수) : 가두다

賤娼翠仙 號雪竹. 有詩曰: 春粧催罷倚焦桐, 珠箔輕明日上紅. 香霧夜多朝露重, 海棠花泣小墻東.

又: 洞天如水月蒼蒼, 樹葉蕭蕭夜有霜, 十二湘簾人獨宿, 玉屛還羨畵鴛鴦.

桂娘者扶安賤娼, 自號梅窓. 嘗有過客聞其名, 以詩挑之. 娘卽次韻曰: 平生不學食東家[26)], 只愛梅窓月影斜, 詞人未識幽閒意, 指點行雲枉自多. 其人悵然而去. 娘平日喜琴與詩, 死以琴殉葬云.

<詩話叢林>

43) 東家食 : 밥은 동쪽 집에서 먹고 잠은 서쪽 집에서 잔다는 말

난설헌 허씨는 정자 김성립의 아내다. 근대 규수 중의 제일이었는데 일찍 죽었다. 시집이 세상에 돌아다니고 있으니 평생 금슬이 불화한 탓에 원망하며 사무친 작품이 많았다. 「채련곡」이란 작품이다.

가을 긴 호수에 맑고 고요하며 옥 같은 물이 흐르는데,
연꽃 깊은 곳에 목난배를 매었고,
물 저쪽에 두고 님이 보이자 그 님에게 연밥을 던지고,
멀리 남들이 알았을까봐 반나절이나 부끄러웠다.

중국 사람들이 그의 시집을 사다가, 이담(耳談)에 넣게 되었다.

김성립이 젊었을 적에 강가에 집을 짓고 독서를 하였다. 그 아내 허씨가 시를 부쳐 보내기를,

제비가 쌍쌍이 처마 밑으로 날아드는데
지는 꽃잎은 어지러이 내 옷깃을 스치고,
규방에서 오기를 기다리며 봄이 가는 것을 가슴아파하는데,
강남 풀은 퍼렇게 자랐는데, 님은 돌아오지 않는구나.

이 두 작품은 너무 방탕하게 되었기 때문에 문집에 실리지 않았다. 그 밖에 악부와 궁사 등 작품은 다 고시에서 가져온 것이 많았다. 그런 까닭에 참의를 지낸 홍경신과 정랑 허적은 바로 그와 일가 사람인데, 항상 말하기를 "난설헌의 시는 2~3편 이외에는 전부 다 위작이고, 백옥루 상량문 또한 허균과 이재용이 지은 것"이라고 한다.

첨지인 조원의 첩 이씨는 옥봉이다. 「여강에 가는 사람을 환송하면서 쓴 시」에 "신륵사에는 안개가 끼었고, 청심루 위에 달은 눈에 비친다." 라 했다.

「찾아온 사람에게 감사함」이란 시는

음수는 문군이 사는 마을이요,
청산은 사조의 초가집이구나.
마당에는 빗속 나막신 흔적이 남아있고,
눈 내리는 문 앞에는 당나귀가 매여 있다.

음수는 곧 그가 거쳐하는 곳이다. 「노산묘시」는 다음과 같다.

오일을 강 따라 올라 삼일을 영월에 머무르고,
노릉을 향해 목이 터지게 슬픈 노래 부른다.
이 몸 또한 왕손의 딸이라,
이곳 두견새 소리 차마 듣지 못하겠다.

또 시 「규정」에서 말하기를,

약속을 했는데 님은 어찌 늦으시나,
정원의 매화는 벌써 많이 떨어졌는데
홀연히 나뭇가지 위에 까치 우는 소리 들리니
헛되이 거울 속의 눈썹을 그린다.

시가 아주 좋다. 이씨는 문장에도 능했다. 한 촌부가 있었는데, 그 남편이 소를 훔쳤다는 이유로 감옥에 갇혔다. 이씨가 항소장을 대신 써주며 그 끝에 쓰기를, "저의 몸이 직녀가 아니거늘, 어찌 낭군이 견우가 되리오." 라 했다. 태수가 그것을 보고는 아주 기이하게 여겨 마침내 풀어주었다.

『요산당기』라는 책을 보니, 이태백이 한미할 때 소를 몰고 현령이 앉아있는 마루 아래를 지나가는데, 현령의 아내가 화가 나 꾸짖었다. 이백이 시로써 사과하며 "마님이 직녀가 아니신데, 어째서 견우에 대해서 물으십니까." 라 했다. 현령이 깜짝 놀랐다. 또 이런 이야기가 『시학대성』에도 나오는데, 그것을 소 훔친 것에 가져다 붙였으니 재미있다.

사문인 양사기의 처는 시에 능하였다. 양사기는 풍천부사였을 때 안악으로 가서 돌아오지 않았다. 그의 처가 시를 써 보내었다.

> 슬퍼하며 큰 길을 바라보면서 사립문을 닫지 않고,
> 밤은 깊어 이슬에 비단 옷을 적신다.
> 양산관에는 꽃이 우거져 있을 테니
> 날마다 꽃을 보느라고 안 오시나요.

양산은 곧 안악의 별명이다.

천기 취선이는 호가 설죽이다. 시는 다음과 같다.

> 봄 화장을 얼른 끝내고 거문고를 끼고 앉아 있자니,
> 주렴이 가볍고 환해져서 해가 붉게 떠오른다.

향기로운 안개가 밤사이에 자욱하고 새벽이슬 흠씬 내려
해당화는 작은 담 모퉁이에서 눈물 흘리고 있다.

환한 하늘은 물과 같이 맑고 달빛은 창창한데,
나뭇잎 바스락 바스락, 밤에 서리가 내렸다.
12겹으로 죽렴 속에서 홀로 자노라니,
병풍에 그린 원앙새가 마냥 부럽기만 하다.

계랑은 부안의 기생인데, 스스로 매창이라고 호하였다. 일찍이 어느 과객이 그 이름을 듣고, 시로 꼬셨다. 계랑이 즉시 차운하였다.

평생토록 동가식에 대해서 배우지 못했고,
단지 매화 창문에 달 그림자가 기울어지는 것만 사랑한다네.
시인이 이런 고상한 뜻을 알지 못하고,
흘러가는 구름을 가리키면서 잘난 척하네.

과객은 아주 부끄러워하면서 떠나갔다. 계랑은 평소에 거문고와 시를 좋아하여 죽었을 때 거문고를 같이 묻어주었다.

5. 伯姊贈貞夫人朴氏墓誌銘

朴趾源[27]

孺人[28]諱某 潘南朴氏. 其弟趾源仲美誌之曰 孺人十六歸德水李宅模伯揆, 有一女二男. 辛卯九月一日歿. 得年四十三. 夫之先山曰鴉谷, 將葬于庚坐之兆[29]. 伯揆旣喪其賢室, 貧無以爲生, 挈其穉弱婢指十, 鼎鎗箱簏, 浮江入峽, 與喪俱發. 仲美曉送之斗浦舟中, 慟哭而返. 嗟乎 姊氏新嫁曉粧如昨日. 余時方八歲, 嬌臥馬騣, 效婿語口吃鄭重. 姊氏羞墮梳觸額. 余怒啼, 以墨化粉, 以唾漫鏡, 姊

---

44) 박지원(1737~1805) : 조선 후기 英·正祖대의 문인.
자는 仲美, 호는 燕巖. 北學派 實學者로서 後四家들과 함께 개성적인 참신한 문학세계를 개척함. 淸나라 使行에 수행한 경험을 일기체로 서술한 〈熱河日記〉는 그 참신한 사상과 독특한 문체로서 일대를 풍미하였으며 정조의 文體反正의 직접적 대상으로 지목되기도 하였음. 〈열하일기〉외에 독특한 산문과 傳들을 남김. 문집은 『燕巖集』이 있다.

28) 孺人(유인) : 大夫의 아내를 이르는 말. 일반적으로 아내를 이르는 말로 쓰이기도 함.

29) 庚坐之兆(경좌지조) : 서쪽으로 앉은 무덤 자리.

氏出玉鴨金蜂[30], 賂我止啼, 至今二十八年矣.

立馬江上, 遙見 丹旐翩然, 檣影逶迤, 至岸轉樹隱, 不可復見, 而江上遙山黛綠[31]如鬟, 江光如鏡, 曉月如眉. 泣念墮梳, 獨幼時事歷歷又多歡樂, 歲月長, 中間常苦離患憂貧困, 忽忽如夢中, 爲兄弟之日 又何甚促也.

去者丁寧留後期, 猶令送者淚沾衣

扁舟從此何時返, 送者徒然岸上歸.

<『燕巖集』 卷1>

---

30) 玉鴨金蜂(옥압금봉) : 여성의 장신구

31) 黛綠(대록) : 눈썹을 그린 검푸른 먹이라는 뜻으로 여기서는 멀리 보이는 산의 능선을 형용한 말.

유인의 이름은 아무개이니, 반남 박씨이다. 손아래 동생 지원이 다음과 같이 묘지를 쓴다.

누님은 열여섯에 덕수 이씨인 택모(字는 백규)에게 시집가서, 딸 하나 아들 둘을 두었다. 신묘년 9월 1일에 세상을 떠나니 나이가 43세였다. 지아비의 선산이 아곡인지라, 장차 서향의 언덕에 장사를 지내려 한다. 백규가 그 어진 아내를 잃고 가난하여 살 길이 막막하였다. 운구와 더불어 어린 것들과 계집 종 하나, 솥과 그릇, 옷상자와 짐 궤짝을 끌고 강을 건너 산골로 들어가려고 떠났다. 나는 새벽에 두포의 나룻배에서 이를 전송하고 통곡하며 돌아왔다.

아아, 누님이 시집가던 날 새벽 화장하던 것이 어제 일만 같구나. 나는 그 때 겨우 여덟이었다. 드러누워 장난을 치며 응석을 부리다가 새신랑의 말투를 흉내 내어 말을 더듬거리며 점잔을 뺐다. 누님은 그만 부끄러워 빗을 떨어뜨려 내 이마에 맞았다. 나는 골이 나 울면서 분에다 먹칠을 하고, 침을 거울에 발랐다. 누님은 옥 오리, 금으로 된 벌을 꺼내 내게 주면서 울음을 달래었다. 지금부터 스물여덟 해 전의 일이다.

강가에 말을 세워 멀리 바라보니 붉은 명정은 바람에 펄럭거리고, 돛대 그림자는 물 위에 어른거린다. 언덕에 이르러 나무에 가려져 다시는 더 보이지 않았다. 강 위 먼 산은 검푸른 것이 마치 누님의 쪽진 머리 같았고, 강물 빛은 누님의 화장 거울 같았으며, 새벽달은 누님의 눈썹 같았다. 울면서 빗을 떨어뜨리던 일을 생각하니 유독 어릴 적 일은 또렷하고 또 즐거운 기억이 많다. 세월은 길어 그 사이에는 언제나 이별의 근심을 괴로워하고 가난과 곤궁을 근심하였으니, 덧없기 마치 꿈속과도 같구나. 우리가 형제로 지낸 날들은 어쩌면 이다지도 짧은가.

떠나는 이 정녕코 다시 만날 기약을 남기지만,

오히려 보내는 이의 옷깃을 눈물로 적시게 하네.

조각배 이제 가면 언제나 돌아올까,

보내는 자 부질없이 언덕길을 돌아가네.

6. 遺才論

許 筠

爲國家者, 所與共理天職, 非才莫可也. 天之生才, 原爲一代之用, 而其生之也, 不以貴望而豊其賦, 不以側陋而嗇其稟, 故古先哲辟知其然也. 或求之於草野之中, 或拔之於行伍, 或擢於降虜[32]敗亡之將, 或擧賊, 或用莞庫士. 用之者, 咸適其宜, 而見用者亦各展其才. 國以蒙福, 而治之日隆, 用此道也, 以天下之大, 猶慮其才之或遺, 兢兢然側席而思, 擄饋而歎. 奈何山林草澤 懷寶不售者比比, 而英俊沈於下僚, 卒不得試其抱負者亦多有之. 信乎才之難悉得, 而用之亦難盡也.

---

32) 降虜(항노) : 항복한 오랑캐

我國地偏, 人才罕出, 盖自昔而患之矣. 入我朝, 用人之途尤狹, 非世冑華望, 不得通顯仕, 而岩穴[33]草茆之士, 則雖有奇才, 抑鬱而不之用, 非科目[34]進身, 不得躡[35]高位, 而雖德業茂著者 終不躋卿相. 天之賦才爾均也, 而以世冑科目限之. 宜乎常病其乏才. 古今之遠且久, 天下之廣未聞有孼出而棄其賢, 母改適而不用其才者. 我國則不然. 母賤與改適者之子孫俱不齒仕路, 以逼逼之國介於兩虜之間, 猶恐才之不爲我用. 或不卜其濟事, 乃反自塞其路而自歎曰: 無才無才. 何異適越北轅[36], 而不可使聞於隣國

33) 岩穴(암혈) : 바위 구멍

34) 科目(과목) : 과거 시험

35) 躡(섭) : 밟다

36) 適越北轅(적월북원) :北轅適越(북원적월). 수레의 방향을 북쪽으로 틀어놓고 남쪽으로 가려는 것.

矣. 匹夫匹婦含寃, 而天爲之感傷. 矧怨夫曠女[37]半其國, 而欲致和氣者亦難矣.

古之賢才多出於側微, 使當世用我之法, 是范文正[38]無相業, 而陳瓘[39] 潘良貴[40]不得爲直臣. 司馬穰苴[41] 衛青[42]之將, 王符[43]之文 卒不見用於世否. 天之生也, 而人棄之, 是逆天也. 逆天而能祈天永命者未之有也. 爲國者其奉天而行之, 則景命亦可以迓續也.

<『惺所覆瓿藁』 卷11>

---

37) 怨夫曠女(원부광녀) : 원망하는 남자와 남편 없는 여자. 〈맹자〉에는 怨女(원녀)와 曠夫(광부)로 나옴. 홀아비와 과부.

38) 范文正(범문정) : 이름은 范仲淹. 文正은 시호이다. 송의 재상. 어머니가 개가하였다.

39) 陳瓘(진관) : 송나라 사람. 호는 了翁. 諫官으로 이름이 높았다.

40) 潘良貴(반양귀) : 송나라 사람. 호는 默成. 부당한 관리를 여러번 탄핵한 直臣.

41) 司馬穰苴(사마양저) : 춘추시대 齊나라 사람. 미천한 출신이었으나 병법에 밝아 大司馬가 되었고 사마병법이 있다.

42) 衛青(위청): 漢나라 사람. 원래의 姓은 鄭氏인데 어머니가 개가했으므로 衛氏가 되었다.

43) 王符(왕부) : 후한 때의 사람. 潛夫論으로 유명하다.

나라를 다스리는 사람은 임금과 더불어 하늘이 준 직분을 행하는 것이니 재주 있는 이가 아니면 안 된다. 하늘이 인재를 내는 것은 본디 한 시대에 쓰기 위해서이다. 그래서 하늘이 사람을 낼 때는 귀한 집 자식이라고 재능을 풍부하게 주고 천한 집 자식이라 하여 인색하게 주지는 않는다. 그래서 옛날의 어진 임금은 이를 알고, 인재를 초야에서도 구하고 혹은 항복한 오랑캐 장수중에서도 뽑았으며, 또 도둑 중에서도, 더러는 창고지기를 등용하기도 했다. 이들은 다 알맞은 자리에 등용되어 자신의 재능을 한껏 펼쳤다. 나라가 복을 입어 치적이 날로 융성케 된 것은 이 방도를 썼기 때문이다. 중국같이 큰 나라도 인재를 놓칠까 걱정하여 늘 그 일을 생각한다. 잠자리에 누워서도 생각하고 밥 먹을 때에도 탄식한다. 그럼에도 어찌하여 숲 속과 연못가에서 살면서 큰 보배를 품고도 팔지 못하는 자가 수두룩하고 영결찬 인재가 낮은 관직에 파묻혀서 끝내 그 포부를 펴지 못하는가? 정말 인재를 모두 얻기도 어렵거니와 모두 거두어 쓰기 또한 어렵다.

우리나라는 땅이 좁고 인재가 드물게 나서 예부터 걱정거리였다. 더구나 조선 시대에 들어와서는 인재 등용의 길이 더욱 좁아져서 대대로 명망 있는 집 자식이 아니면 좋은 벼슬자리를 얻지 못하고 산림에 은거하고 있는 선비는 비록 뛰어난 재주가 있어도 억눌려 등용되지 못한다. 과거에 합격하지 않으면 높은 지위를 얻지 못하고 비록 훌륭해도 과거를 보지 않으면 재상 자리에 오르지 못한다. 하늘은 재주를 고르게 주는데 이것을 명문세족과 과거로써 제한하니 인재가 늘 모자라 걱정하는 것은 당연하다. 예부터 이제까지 세상에서 서얼이라 해서 인재를 버리고, 어미가 개가했다고 그 재주를 쓰지 않는다는 말은 듣지 못했다.

우리나라만이 그렇지 않아서 천한 어미를 가진 자손이나 두 번 시집 간 자의 자손은 벼슬길에 끼지 못하게 한다. 자그마하고 더욱이 양쪽 오랑캐 사이에 끼어 있는 이 나라에서 인재를 제대로 쓰지 못할까 걱정해도 더러 나랏일이 제대로 될지 점칠 수 없는데, 도리어 그 길을 스스로 막아놓고서 "인재가 없다."고 탄식한다. 이것은 남쪽 나라를 치러 가면서 수레를 북쪽으로 내달리는 것과 무엇이 다르겠느냐. 참으로 이웃나라가 알까 두렵다. 필부들이 원한을 품어도 하늘이 가슴아파하고 언짢아하는데, 하물며 원망을 품은 사내와 원한에 찬 홀어미가 나라의 반을 차지하니 화평한 기운을 불러오기는 어려우리라.

옛날 어진 인재는 기울고 한미한 집안에서 많이 나왔다. 그 때에도 지금 우리나라와 같은 법을 썼다면, 송나라 범중엄이 재상으로 이룬 공업이 없었을 것이요, 진관과 반양귀는 곧은 신하라는 이름을 얻지 못하였을 것이며, 사마양저·위청과 같은 장수와 왕부의 문장도 끝내 세상에 쓰이지 못했을 것이다. 하늘이 냈는데도 사람이 버리는 것은 하늘을 거스르는 것이다. 하늘을 거스르고도 하늘에 나라를 길이 유지하게 해달라고 비는 사람은 없다. 나라를 다스리는 자가 하늘의 뜻을 받들어 행하면 나라의 큰 명을 훌륭히 이어갈 수 있을 것이다.

7. 原 牧

丁若鏞

牧爲民有乎. 民爲牧生乎. 民出粟米麻絲[44], 以事其牧. 民出輿馬騶從[45], 以送迎其牧. 民竭其膏血津髓[46], 以肥其牧. 民爲牧生乎, 曰: 否, 否. 牧爲民有也. 邃古[47]之初, 民而已. 豈有牧哉. 民于于然[48]聚居. 有一夫與鄰鬨[49], 莫之決. 有叟[50]焉, 善爲公言. 就而正之, 四鄰咸服. 推而共尊之. 名曰里正. 於是數里之民, 以其里鬨, 莫之決. 有叟焉,

---

44) 粟米麻絲(속미마사) : 조, 쌀, 삼, 실 등의 조공을 일컫는 말

45) 輿馬騶從(여마추종) : 수레와 말과 마부

46) 津髓(진수) : 津液(진액)과 骨髓(골수)

47) 邃古(수고) : 太古(태고), 上古(상고)

48) 于于然(우우연) : 자유롭게 아무 걱정 없이 평화로운 모양

49) 鬨(홍) : 싸우다. 떠들썩하다

50) 수(叟) : 노인

俊而多識. 就而正之, 數里咸服. 推而共尊之, 名曰黨正. 數黨之民, 以其黨鬨, 莫之決. 有叟焉, 賢而有德. 就而正之, 數黨咸服, 名之曰州長. 於是數州之長. 推一人以爲長. 名之曰國君. 數國之君, 推一人以爲長, 名之曰方伯. 四方之伯, 推一人以爲宗, 名之曰皇王. 皇王之本, 起於里正, 牧爲民有也.

當是時里正從民望, 而制之法, 上之黨正. 黨正從民望, 而制之法, 上之州長. 州上之國君, 國君上之皇王, 故其法皆便民. 後世 一人自立爲皇帝, 封其子若[51]弟及其侍御僕從之人, 以爲諸侯. 諸侯簡其私人, 以爲州長. 州長薦其私人, 以爲黨正里正. 於是皇帝循己欲, 而制之法, 以授諸

51) 若(약) : 및. 及(급)

侯. 諸侯循己欲, 而制之法, 以授州長. 州授之黨正, 黨正授之里正. 故其法皆尊主而卑民, 刻下而附上. 壹似乎民爲牧生也.

今之守令, 古之諸侯也. 其宮室[52]輿馬之奉, 衣服飮食之供, 左右便嬖[53]侍御僕從之人, 擬於國君. 其權能足以慶人, 其刑威足以怵人[54]. 於是傲然[55]自尊, 夷然[56]自樂, 忘其爲牧也. 有一夫鬩而就正, 則己蹴然[57]曰: "何爲是紛紛也." 有一夫餓而死, 曰: "汝自死耳." 有不出粟米麻

52) 宮室(궁실) : 관아

53) 便嬖(편폐) : 가까이하고 사랑함. 총애

54) 怵人(출인) : 사람을 겁나게 하다, 두렵게 만들다

55) 傲然(오연) : 거만스레 뽐내는

56) 夷然(이연) : 즐거운 모양

57) 蹴然(축연) : 불안한 모양

絲以事之, 則撻之棓[58)]之, 見其有血而後止焉. 日取筭緡[59)]曆記夾注[60)]塗乙[61)], 課其錢布, 以營田宅. 賂遺[62)]權貴宰相, 以徼[63)]後利. 故曰民爲牧生, 豈理也哉. 牧爲民有也.

58) 棓(부) : 때리다, 몽둥이, 도리깨

59) 筭緡(산민) : 돈꾸러미를 셈

60) 夾註(협주) : 원문 밑에 주를 담

78) 塗乙(도을) : 있던 글자를 지우거나 탈자를 넣는 일

79) 賂遺(뇌유) : 뇌물을 보내다

80) 徼(요) : 구하다

목민관이 백성을 위하여 있는가. 백성이 목민관을 위해 사는가. 백성들이 곡식과 옷감을 내어 그 목민관을 섬기고, 백성들이 여마와 추종을 내어서 목민관을 보내고 맞이하고 있다. 백성들은 고혈과 진수를 다 짜내 목민관을 살찌우고 있다. 백성은 목민관을 위해서 사는가? 아니다, 아니다. 목민관이 백성을 위해서 산다. 아득한 옛날 처음에는 백성뿐이었다. 어디 목민관이 있었겠는가. 백성들은 자유롭게 모여 살고 있었다. 어떤 한 사람이 이웃과 더불어 다투게 되었는데 아무도 그것을 결정할 수 없었다. 한 노인이 있었는데, 공평한 말을 잘하였다. 그 사람에게 나아가 바루니 온갖 이웃이 수긍하고 항복하였다. 그 사람을 추천해서 같이 받들었다. 그를 이르기를 이정이라고 하였다. 이에 몇 동네 사람들이 그 이웃마을과 싸움이 났고, 결정하지 못하였다. 한 노인이 있어 뛰어나고 아는 것이 많았다. 나아가서 바로잡으니 몇 동네 사람들이 복종하였다. 그 사람을 추천해서 같이 받들고 그를 이르기를 당정이라 하였다. 여러 당의 백성들이 다른 당끼리 싸움이 났고, 결정하지 못하였다. 한 노인이 있어 현명하고 덕이 있었다. 나아가 바로잡으니 여러 당이 복종을 하였으며, 그를 주장이라 하였다. 이에 몇 주장들이 모여 한 사람을 추대하였다. 그 사람이 임금이다. 여러 나라의 임금이 한 사람을 추대하니 이는 방백이었다. 사방지백이 한 사람을 추종해서 최고 우두머리로 삼으니 그 사람은 황제이다. 황제의 근본은, 이정에서부터 시작하였고, 목은 민을 위해서 있다.

당시에는 백성들의 바람을 좇아 이정이 법을 만들어서 당정에게 올렸다. 당정은 백성이 바라는 것을 좇아 법을 제정해 주장에게 올렸다. 주장은 임금에게 올렸고, 임금은 황제에게 그것을 올렸는데, 그 법은 모두 백성에게 편리하였다. 후세에 와서 어떤 사람이 스스로 황제가 되어 자기의 아들 및 아우 그리고 추종자들을 봉하여 제후로 삼았다. 제후들은 사적인 사람을 선발해서 주장으로 삼았다. 주장들은 사적인 사람을 추천하여 당정과 이정으로 삼았다. 이에 황제는 자기의 욕망에 따라 법을 제정하여 제후에게 주었다. 제후들은 자기 욕망에 따라 법을 제정하여 주장에게 주었다. 주장은 당정에게 주고, 당정은 이정에게 주었다. 그러므로 이런 법은 모두 주인을 존중하고 백성을 낮추며, 아래를 깎아다 위에 붙이는 것이다. 마치 백성들이 목을 위해 생존하는 것처럼 보인다. 지금의 수령은 옛날의 제후다. 궁실과 수레와 말, 의복과 음식을 제공받는 것, 좌우에서 시중드는 관속 및 남녀노비와 사령은 나라 임금에 못지않다. 그들의 권능은 족히 사람을 기쁘게 할 수 있고, 그들의 형벌의 위력은 족히 사람을 겁나게 할 수 있다. 이에 그들은 거만스레 자존하고 흐뭇하게 즐기느라 자기가 목민관임을 잊어버린다. 한 백성이 다투다가 그것을 바루고자 하면, 금세 찡그리며 말하기를 "왜 이렇게 시끄러우냐." 한 사람이 굶어서 죽자 말하기를 "네가 스스로 죽은 것이다." 만약 백성이 곡식을 내놓지 않는 자가 있으면, 그들을 회초리와 곤장으로 때리고, 피가 흐르는 것을 본 후에야 그친다. 그들은 날마다 회계장부를 가져다가 협주와 도을을 기록하는데, 돈과 포를 징수해서 그것으로 밭과 집을 장만한다. 또 권세 있는 재상과 귀족에게 뇌물을 바쳐 뒷날의 이익을 도모한다. 그런 고로 백성이 목민관을 위하여 산다고 말하니, 어찌 이치에 맞겠는가. 목민관은 백성을 위해 있는 것이다.

8. 沈生傳

李鈺

沈生者京華士族也. 弱冠容貌甚俊韶, 風情駘蕩[64]. 嘗從雲從街[65], 觀駕動[66]而歸, 見一健婢以紫紬袱蒙一處子 負而行. 一婭鬟[67]捧紅錦鞋, 從其後. 生自外量其軀, 非幼穉者也. 遂緊隨之, 或尾之, 或以袖掠以過. 目未嘗不在於袱, 到小廣通橋, 忽有旋風[68] 起於前, 吹紫袱, 褫其半, 見有處子 桃臉柳眉[69], 綠衣而紅裳, 脂粉甚狼藉[70], 瞥見猶

---

81) 駘蕩(태탕) : ① 넓은 모양. ② 봄의 화창한 모양

82) 雲從街(운종가) ; 지금의 종로. 당시 서울의 중심가

83) 駕動(가동) : 임금의 행차. 거둥

84) 婭鬟(아환) : 어린 몸종

85) 旋風(선풍) : 회오리 바람

86) 桃臉柳眉(도검유미) : 복숭아 빰에 버들가지 모양의 눈썹, 미인을 형용함

87) 狼藉(낭자) : 매우 화려함

絶代色. 處子亦於袱中, 依俙見美少年, 衣藍衣[71], 戴艸笠. 或左或右而行, 方注秋波, 隔袱視之. 袱旣褫, 柳眼星眸[72] 四目相擊. 且驚且羞, 斂袱復蒙之而去. 生如何肯捨. 直隨到小公主洞紅箭門[73]內, 處子入一中門而去, 生惘然如有失, 彷徨者久, 得一鄰嫗, 而細偵之, 蓋戶曹計士[74]之老退者家, 而只有一女, 年十六七, 猶未字矣[75]. 問其所處, 嫗指示之曰: "迤此小衚衕, 有一粉牆, 牆之內 一夾室卽處女之住也." 生旣聞之, 不能忘. 夕詭[76]於家曰: "窗伴某 要余同夜, 請從今夕往." 遂候人定[77]往, 踰牆而入, 則初月

88) 藍衣(남의) : 푸른 옷. 학생 신분을 나타낸다.

89) 柳眼星眸(유안성모) :버들같은 여자의 눈과 별같은 남자의 눈동자.

90) 紅箭門(홍살문) : 능(陵), 원(園), 묘(廟), 궁전, 관아 따위의 정면 앞에 세우던 붉은 칠을 한 문.

91) 計士(계사) : 호조에 속한 회계원. 의관·역관과 함께 중인 신분이다.

92) 未字(미자) : 아직 정혼하지 않다. 字는 혼약을 맺다.

93) 詭(궤) : 거짓

94) 人定(인정) : 사람들이 잠자는 시간. 오후 10시경. 통금을 알리는 시각.

淡黃. 見窗外花木, 頗雅整, 燈火照窗紙甚亮. 靠壁依檐而坐, 屛息以竢. 室中有二梅香[78]. 女則方低聲讀諺解稗語[79], 嚦嚦如雛鶯聲.

至三鼓許, 婭鬟已熟寐, 女始吹燈就寢, 而猶不寐者久, 若輾轉有所思者. 生不敢寐, 亦不敢聲, 直至曉, 鍾已動, 復爬牆而出. 自是習爲常, 暮而往, 罷漏而歸, 如是者二十日, 生猶不怠. 女始則或讀小說, 或針指, 至半夜, 燈滅則或寐, 或煩不寐矣. 過六七日, 則輒稱 "身不佳" 纔初更, 便伏枕, 頻擲手于壁, 長吁短歎, 聲息聞窗外. 一夕甚於一夕. 第二十夕 女忽自廳事[80]後出, 繞壁而轉, 至于生

95) 梅香(매향) : 몸종 곧 차환(叉鬟)을 이름. 차환은 머리를 얹은 어린 몸종을 이름.

96) 諺解稗語(언해패어) : 민간의 가설(街說), 항담(巷談) 따위를 주제로 한 소설.

80) 廳事(청사) : 聽事. 관청의 집무소 또는 개인주택의 안채, 대청.

所坐處. 生自黑影中 突然起扶持之. 女少不驚, 低聲語曰: "郎莫是小廣通橋邂逅者耶. 妾固已知郎之來, 已二十夜矣. 毋持我, 一出聲, 不復出矣. 若縱我, 我當開此戶以迎之. 速縱我." 生以爲信, 却立而竢之. 女復逶迤而入, 旣到其室, 呼婭鬟曰: "汝到媽媽許, 請朱錫大屈戌[81]來. 夜甚黑, 令人生怕." 婭鬟向上堂去, 未久以屈戌來. 女遂於所約後戶, 拴上釕弔[82]甚分明, 以手安屈戌籥, 故琅琅作下鎖聲, 隨卽吹燈, 寂然若睡熟者, 而實未嘗睡也. 生痛其見欺, 而亦幸其得一見, 又度夜於鎖戶之外, 晨而歸.

翌日又往, 又翌日往, 不敢以戶鎖少懈, 或値雨下, 則蒙

81) 屈戌(굴수) : 자물쇠

82) 拴上釕弔(전상조조) : 걸쇠를 자물쇠에 걸다. 중국의 백화어(白話語)

油[83]而至, 不避沾濕. 如是又十日, 夜將半, 渾舍皆酣睡, 女亦滅燈已久, 忽復蹶然起, 呼婭鬟促點燈曰: "汝輩今夕往上堂去睡." 兩梅香 旣出戶, 女於壁上 取牡籥[84], 解下屈戍, 洞開後戶, 招生曰: "郎入室." 生未暇量, 不覺身已入室. 女復鎖其戶, 語生曰: "願郎少坐." 遂向上堂去, 引其父母而至. 其父母見大驚. 女曰: "毋驚, 聽兒語. 兒生年十七, 足未嘗過門矣. 月前 偶往觀駕動, 歸到小廣通橋, 風吹袱捲, 適與一艸笠郎君 相面矣. 自其夕 郎君無夜不至. 屛竢於此戶之下, 今已三十日矣. 雨亦至, 寒亦至. 鎖戶以絶之, 而亦至. 兒料已久矣. 萬一聲聞外播[85], 鄰里

83) 油(유) : 기름 먹인 종이. 비나 눈을 막기 위하여 옷 위에 껴입는 기름먹인 옷.

84) 牡籥(모약) : 열쇠

85) 播(파) : 퍼지다

知之, 則夕而入, 晨而出, 誰知其獨倚於窗壁外乎. 是無其實而被惡名也, 兒必爲犬咋之雉[86]矣. 彼以士大夫家郎君, 年方靑春, 血氣未定, 只知蜂蝶之貪花, 不顧風露之可憂, 能幾日而病不作耶. 病則必不起. 是非我殺之, 而我殺之也. 雖人不知, 必有陰報. 且兒身不過一中路家處子也. 非有傾城絶世之色, 沈魚羞花[87]之容, 而郎君見鴟爲鷹, 其致誠於我, 若是其勤, 然而不從郎君者, 天必厭之, 福必不及於兒矣. 兒之意決矣. 願父母勿以爲憂. 噫, 兒親老而無兄弟, 嫁而得一贅壻[88], 生而盡其養, 死而奉其祀, 兒之願足矣, 而事忽至此, 此天也, 言之何益."

86) 犬咋之雉(견색지치) : 개에게 물린 꿩

87) 沈魚羞花(침어수화) : 여인의 얼굴이 예뻐서 고기가 그를 보면 놀라서 물속으로 깊이 들어가고,꽃이 자기 얼굴을 부끄러워한다는 뜻.

88) 贅壻(췌서) : 데릴 사위

其父母 黙然無可言, 生亦無可言者. 仍與同寢, 渴仰之餘其喜可知. 自是夕始入室, 又無日不暮往晨歸. 女家素富, 於是 爲生具華美衣服甚盛, 而生恐見異於家, 不敢服. 生雖秘之深, 而其家疑其宿於外, 久不歸, 命往山寺做業. 生意怏怏, 而迫於家, 且牽於儕友, 東卷上北漢山城. 留禪房將月, 有來傳女諺札[89]於生者. 發之, 乃遺書告訣者也. 女已死矣. 其書略曰: "春寒尙緊, 山寺做工, 連得平善. 願言思之, 無日可忘. 妾自君之出, 偶然一病, 漸入骨髓, 藥餌無功. 今則自分必死. 如妾薄命, 生亦何爲. 第有三大恨, 區區於中, 死猶難瞑. 妾本無男之女, 父母之所以愛憐者. 將以覓一贅壻, 以爲暮年之倚, 仍作後日之計, 而不意好

89) 諺札(언찰) : 국문 편지

事多魔, 惡緣相絆, 女蘿[90]猥托於喬松, 而朱陳之計[91] 以此虧望, 則此妾之所以 悒悒不樂, 終至於病且死, 而高堂鶴髮[92] 永無依賴之地矣. 此一恨也.

女子之嫁也, 雖丫鬟桶的[93]非倚門倡伎, 則有夫壻, 便有舅姑. 世未有舅姑所不知之媳婦, 而如妾者被人欺匿, 伊來數月, 未曾見郎君家一老鬟, 則生爲不正之跡, 死爲無歸之魂矣, 此二恨也.

婦人之所以事君子者, 不過主饋而供, 治衣服以奉之, 而自相逢以來, 日月不爲不久, 所手製衣服, 亦不爲不多, 而未嘗使郎喫一盂飯於家, 披一衣於前, 則是所以侍郎君者,

---

90) 女蘿(여라) : 담장이 넌출. 넝쿨 풀. 지체 낮은 사람이 지체 높은 사람에 의탁함을 비유함.

91) 朱陳之計(주진지계) :주, 진 양씨(兩氏)가 진(秦)의 악정(惡政)을 피해서 무릉도원(武陵桃源)에 들어가 서로 혼인했다 하여 결혼을 의미함.

92) 高堂鶴髮(고당학발) : 백발의 늙은 부모

93) 丫鬟桶的(아환통적) : 계집종과 물 긷는 종

惟枕席而已, 此三恨也.

若其它, 相逢未幾, 而遽爾大別, 臥病垂死, 而不得面訣, 則猶是兒女之悲, 何足爲君子道也. 興念至此, 膓已斷, 而骨欲銷矣. 雖弱艸委風, 殘花成泥, 悠悠此恨, 何日可已. 嗚呼, 窗間之會, 從此斷矣. 惟願郎君, 無以賤妾關懷, 益勉工業, 早致靑雲. 千萬珍重 珍重千萬." 生見書, 不禁聲淚俱失, 雖哭之慟, 亦無柰矣. 後生投筆從武擧, 官至金烏郎[94], 亦早殀而死.

梅花外史[95]曰: "余十二歲 遊於村塾, 日與同學兒, 喜聽談故[96]. 一日 先生語沈生事甚詳, 曰: '此吾少年時窗伴

94) 金烏郎(금오랑) :조선시대 의금부(義禁府)의 낭관(郎官)

95) 梅花外史(매화외사) : 지은이 문무자 李鈺(이옥)의 별호(別號)

96) 古談. 옛날 이야기

也. 其山寺哭書時, 吾及見之. 故聞其事, 至今不忘也.' 又曰: '吾非汝曹欲效此風流浪子耳. 人之於事苟以必得爲志, 則閨中之女尙可以致, 況文章乎, 況科目乎.' 余輩其時聽之, 爲新說也. 後讀情史[97], 多如此類. 於是 追記爲情史補遺."

<潭庭叢書 卷21·梅花外史>

97) 情史(정사) : 중국 명나라 馮夢龍이 편찬한 것으로 남녀간의 염정(艶情)에 관한 역대의 작품들을 주제별로 편집하였다. 24권에 860편의 작품을 실었다.

▶▶▶ 해설

조선후기 양반 신분인 심생과 중인층 처녀 사이의 사랑을 그린 소설. 문체반정으로 정조에게 견책을 받은 작자 李鈺(이옥)의 섬세한 문체가 돋보이는 愛情傳奇(애정전기)이다. 특히 심리묘사에 뛰어나고 마지막에 여주인공이 한글 편지로 자신의 심경을 나타낸 부분이 표현의 압권이다.

심생은 서울의 양반이다. 그는 약관에 용모가 매우 준수하고 풍정이 넘치는 청년이었다. 어느 날 그가 운종가에서 임금의 거둥을 구경하고 돌아오던 길에 어떤 건장한 계집종이 자줏빛 명주 보자기로 처자를 덮어서 업고 가는 것을 보았다. 그 뒤를 한 계집애가 붉은 비단신을 들고 따르고 있었다. 심생은 겉으로 그 몸뚱이를 겨냥해보니 어린애는 아니었다.

그는 바짝 따라붙어 뒤꽁무니를 밟다가 더러 소매로 스치고 지나가 보기도 하면서 계속 눈을 보자기에서 떼지 않았다. 소광통교에 이르렀을 때, 갑자기 돌개바람이 앞에서 일어나 자주 보자기가 반쯤 걷히었다. 그 처녀를 보니 봉숭아 빛 뺨에 버들잎 눈썹, 초록 저고리에 다홍치마, 연지와 분으로 아주 곱게 화장을 하였다. 얼핏 보아서도 절대가인임을 알 수 있었다. 처녀도 보자기 안에서 어렴풋이 미소년이 쪽빛 옷에 초립을 쓰고 왼편이나 오른편에 붙어서 따라오는 것을 보았다. 마침 추파를 들어 보자기 사이로 주시하였다. 보자기가 걷히자 버들 눈, 별 눈동자의 네 눈이 서로 부딪쳤다. 놀랍고 또 부끄러웠다. 처녀는 보자기를 잡아내려 다시 덮어쓰고 가버리었다. 심생이 어찌 이를 놓칠 것인가. 바로 뒤좇아서 소공주동 홍살문 안에 당도하자 처녀는 한 중문 안으로 들어갔다. 심생은 멍하니 무언가 잃어버린 것처럼 한참 방황했다. 어떤 이웃 노파를 만나 자세히 물어보았더니, 호조에서 계사(計士)로 있다가 은퇴한 집이었다. 다만 16,7세 된 딸 하나가 있는데, 아직 혼사를 정하지 못했다는 것이었다. 그 딸이 거처하는 곳을 물었더니 노파는 손으로 가리키며 "이 조그만 네거리를 돌아서면 회칠한 담장이 나오고, 담장 안의 한 골방이 바로 그 처자의 거처랍니다."라고 하였다. 그는 이 말을 듣고 도저히 잊을 수가 없었다. 저녁에 집에다 거짓말로 "동창 아무개가 저와 밤을 같이 지내자고 하는군요. 오늘 저녁부터 가볼까 합니다."라고 하였다. 그는 통행금지 시간을 기다려 그 집 담을 넘어 들어갔다. 그 때 초승달이 으스름한데 창밖으로 꽃나무가 썩 아담하게 가꾸어졌고, 등불이 창호지에 비치어 아주 환했다. 처마 밑 바깥벽에 기대 앉아서 숨을 죽이고 기다렸다. 방안에는 두 여종과 함께 그 처녀가 있었다. 그녀는 나지막한 소리로 언문 소설을 읽는데 꾀꼬리 소리같이 낭랑하였다.

삼경쯤 되자 계집종은 벌써 깊이 잠들었고, 그녀는 그제야 등불을 끄고 취침하였다. 그러나 오래도록 잠을 이루지 못하고 뒤척뒤척 무언가 고민하는 모양이었다. 심생은 잠이 들 수도 없거니와 아무 소리도 내지 못하였다. 그대로 새벽까지 있다가 종이 울리자 도로 담을 넘어 나왔다. 그 뒤로는 이것이 일과가 되었다. 저물어서 갔다가 새벽이면 돌아오는 것이었다. 이렇게 20일 동안 계속하였으나, 조금도 게을리 하지 않았다. 그녀는 초저녁에는 소설책을 읽기도 하고 바느질을 하기도 하다가 한밤중이 되면 불이 꺼지는데, 이내 잠이 들기도 하고 더러 번민으로 잠을 못 이루기도 하는 것이었다. 6, 7일이 지나자 문득 '몸이 좋지 않다'고 초저녁부터 베개에 엎드려 자주 손으로 벽을 두드리며 긴 한숨 짧은 탄식 소리가 창밖까지 들리었다. 하루 저녁 하루 저녁 갈수록 더해만 갔다. 스무날 째 되는 밤이었다. 그녀가 갑자기 마루에서 내려와 벽을 돌아 심생이 앉아 있는 곳에 당도하였다. 심생은 어둠 속에서 벌떡 일어나 그녀를 붙잡았다. 그녀는 조금도 놀라는 기색이 없이 낮은 소리로 말하였다. "도련님은 소광통교에서 만난 분이 아니세요? 저는 이미 스무날 전부터 도련님이 다니시는 줄 알았답니다. 저를 잡지 마셔요. 한번 소리를 내면 다시는 여기서 못나갑니다. 절 놓아주시면 제가 문을 열고 방으로 드시게 할게요. 얼른 놓으셔요."라고 하였다. 심생은 곧이듣고 물러서서 기다렸다. 여자는 모퉁이를 돌아서 들어가 버렸다. 방에 들어가서는 계집종을 부르더니, "너 엄마한테 가서 큰 주석 자물쇠를 달래서 갖고 오너라. 밤이 어두워 겁이 나는구나."라고 하엿다. 계집애가 윗방으로 건너가서 금방 자물쇠를 들고 왔다. 궐녀는 열어주기로 약속한 뒷문에다 걸쇠를 분명히 꽂고 다시 손으로 자물쇠를 채웠다. 일부러 자물쇠 채우는 소리를 찰카닥 내었다. 이어서 등불을 끄고 고요히 잠이 깊이 든 듯이 하였으나 실은 잠을 이루지 못하였다. 심생은 속임을 당한 것이 애통했으나, 한편 생각하면 그나마 한번 본 것만도 다행이다 싶었다. 또 쇠를 채운 방문 밖에서 밤을 새우고 새벽에 나갔다. 다음날에 또 가고, 그 다음날에도 갔다. 방에 쇠가 채워져 있다고 해서 해이해짐 없이, 비가 오면 유삼(油衫)을 둘러쓰고 가고 옷이 젖어도 신경 쓰지 않았다. 이렇게 다시 열흘이 지났다. 밤중에 온 집안이 모두 잠들었고, 그녀 역시 등불을 끄고 한참이나 있다가 다시 벌떡 일어나서 계집종을 불러 얼른 등에 불을 붙이라고 재촉하더니, "얘 너희들 오늘 밤엔 윗방으로 가서 자라."고 하였다. 두 매향이 방문을 나가자, 그녀는 벽에 걸린 열쇠를 가지고 자물쇠를 따고 뒷문을 활짝 열었다. 심생을 불러 "도련님, 들어오세요."라고 하였다. 심생은 헤아릴 새도 없이 자기도 모르게 몸이 벌써 방에 들어와 있었다. 그녀는 다시 그 문에 쇠를 채우고 심생에게 "도련님, 잠깐 앉아계셔요."라고 하고는 윗방으로 가더니 자기 부모를 모시고 왔다. 부모는 보고 크게 놀랐다. 그녀가 말했다. "놀라지 마시고 제 말을 들어보셔요. 제 나이 열일곱에 일찍이 문밖을 나가지 못하다가, 월전에 우연히 임금님의 거둥을 구경하게 되었어요. 돌아오던 길에 소광통교에서 덮어쓴 보자기가 바람에 걷혀서 마침 그때 한 초립 도령과 얼굴이 마주쳤어요. 그날 밤부터 도련님이 안 오시는 날이 없이 이 방문 밑에 숨어 기다린 지 이제 이미 30일이 지났답니다. 비 와도 오시고, 추워도 오시고, 문을 잠궈 거절해도 역시 오시었어요. 저도 오랫동안 생각해 보았습니다. 만일 소문이 밖으로 퍼져서 동네 사람들이 알게 되면 밤에 들어왔다가는 새벽에 나가는데 자기 홀로 창 밖에서 있은 줄을 누가 믿겠습니까. 사실과 다르게 누명을 뒤집어쓰지요. 제가 분명 개에게 물린 꿩이 된 것이지요. 저 분은 양반 댁 도령으로 지금 바야흐로 청춘이라 혈기가 아직 안정치 못하여 다만 나비와 벌이 꽃을 탐낼 줄만 알고 바람과 이슬은 걱정하지 않으니 며칠 못 가서 병이 나지 않겠습니까. 병들면 반드시 일어나지 못하리니, 그렇게 되면 제가 죽이지 않았어도 제가 죽인 셈입니다. 비록 남들이 모르더라도 반드시 음보가 있을 겁니다. 게다가 저는 한낱 중인 집 딸에 불과합니다. 제가 무슨 절세의 경성지색으로 꽃이 부끄러워할 만한 용모를 지닌 것도 아닌데, 도련님께서 솔개를 보고 매로 여기시어 제게 지성을 바치되 이토록 부지런히 하십니다. 그러니 도련님을 따르지 않으면 하늘이 반드시 싫어하시어 제게 복을 내리지 않을 겁니다. 제 마음을 정하였습니다. 부모님께서는 근심하지 마옵소서. 아! 저는 부모님께서 연로하시고 형제도 없으니 시집가서 데릴사위를 맞아 살아계실 때에 봉양을 다하다가 돌아가신 뒤에 제사를 모시면 더 이상 원이 없었습니다. 그런데 일이 이렇게 되었으니, 이 역시 하늘이라. 말해 무엇 하겠습니까?"라고 하였다.

부모는 묵묵히 달리 할 말이 없었고, 심생도 더욱 아무 말도 못했다. 그런 후 같이 동침을 하게 되었다. 애타게 사모하던 끝이라 그 기쁨이 가히 알만하다. 그날 밤 방에 들어간 이후로 저녁에 나갔다가 새벽에 돌아오지 않는 날이 없었다. 그녀의 집은 본래 부유했다. 그로부터 심생을 위하여 고운 의복을 많이 마련해 주었으나, 그는 집에서 이상하게 여길까 해서 감히 입지 못하였다. 그러나 심생이 아무리 꽁꽁 숨겨도 집에서는 그가 바깥에서 자고 오래 돌아오지 않는 것을 의심하기 시작했다. 절에 가서 글을 읽으라는 명이 떨어졌다. 심생은 마음에 몹시 불만이었으나, 집의 압력을 받고 또 친구들에게 이끌리어 책을 싸들고 북한산성으로 올라갔다. 선방에 머문 지 근 한 달 가까이 되었다. 심생에게 여자의 언문(諺文) 편지를 전해주는 사람이 있었다. 열어보니 유서(遺書)로 작별을 고하는 내용이었다. 그녀는 이미 죽었다.

그 편지의 내용은 대강 이러했다.

봄추위가 아직도 쌀쌀한데 절간에서 공부하시느라 편안하시옵니까. 항상 사모하오니 하루도 잊지 못합니다. 소녀는 도련님께서 떠나신 이후로 우연히 한 병을 얻어 점점 골수에 사무쳐 백약이 무효라 이제는 필경 죽을 것으로 생각하고 있습니다. 저처럼 박명한 몸이 살아본들 무엇 하리오. 다만 세 가지 큰 한을 가슴에 안고 있으니 죽어서도 눈을 감지 못하옵니다. 저는 본래 무남독녀로 부모님의 사랑을 받았습니다. 장차 부모님께서는 데릴사위를 구하여 만년의 의지를 삼고 후일의 계책으로 삼고자 하였더니, 호사다마라 뜻밖에 악연(惡緣)이 얽히었군요. 담장이 넌출이 외람되게 높은 소나무에 붙었으나 결혼의 꿈은 이제 난망입니다. 그리하여 제가 우울하여 시름하다가 마침내 병들어 죽게 되고, 이제 늙으신 부모님은 영원히 믿고 의지할 곳이 없게 되었으니, 이것이 첫째 한이옵니다.

여자가 출가하면 비록 계집종이라도 문에 기대어 손님을 맞는 기생의 몸이 아닌 다음에야 남편이 있고 또 시부모가 있겠지요. 세상에 시부모가 모르는 며느리가 없습니다. 저 같은 몸은 남에게 숨겨져 몇 달이 지나도록 일찍이 도련님 댁의 늙은 하인 하나도 보지 못하였습니다. 살아서 부정한 자취를 남겼고, 죽어서 돌아갈 곳 없는 혼이 될 것이라, 이것이 둘째 한이옵니다.

부인이 남편을 섬긴다는 것은 음식을 장만하여 공궤하고 의복을 지어서 입도록 하는 일에 불과합니다. 도련님과 상봉한 이후 세월이 오래지 않음도 아니요, 지어드린 의복이 적다고 할 수도 없는데, 한 번도 도련님이 밥 한 그릇 집에서 드시지 못하였고, 한 벌 옷도 입지 못하였습니다. 그러니 낭군을 모신다는 것이 단지 잠자리에서뿐이었습니다. 이것이 셋째 한이옵니다.

나머지는 만난 지 얼마 안 되어 갑자기 길이 이별하옵고, 병으로 누워 죽음이 다가왔으나 대면하여 영결을 못하는 것이오나, 이러한 여자의 슬픔이야 어찌 족히 군자에게 말씀드리오리까. 생각이 여기에 이르자 창자가 끊어지고 뼈가 녹으려 하옵니다. 비록 연약한 풀이 바람에 쓰러지고 시들은 꽃잎이 진흙이 된다 하온들 끝없는 이 원한은 어느 날에야 그치리오. 오호라! 창 사이의 밀회는 이제 그만입니다. 바라옵건대 낭군께서는 소녀를 마음에 두시지 마옵시고, 더욱 글공부에 힘쓰시어 일찍이 청운의 뜻을 이루소서. 옥체를 내내 보존하시길 비옵니다.

심생은 편지를 보고 목이 쉬도록 울고 눈물을 흘렸다. 비록 슬프게 통곡하나 무엇하리오. 그 뒤에 심생은 붓을 던지고 무변이 되어 벼슬이 금오랑에 이르렀으나 그도 일찍 죽고 말았다.

매화외사가 말한다. "내가 열두 살 때에 시골 서당에서 글을 읽는데 매일 동학들과 옛날 이야기 듣기를 좋아하였다. 어느 날 선생이 심생의 일을 자세히 이야기해주시더니, '심생은 나의 소년 시절 동창이다. 그가 절에서 편지를 받고 통곡할 때에 나도 곁에서 보았다. 그래서 이 이야기를 듣고 지금까지 잊지 못한다.'라고 하셨다. 이어서 '내가 너희들에게 이 풍류 낭자를 본받으라는 것이 아니다. 사람이 일에 대해서 꼭 얻고야 말겠다는 뜻을 세우면 규중의 처자라도 이룰 수 있거늘, 하물며 문장이나 과거야 왜 안 되겠느냐.'라고 하셨다. 우리들은 그 당시 듣고 매우 새로운 이야기로 여겼다. 뒤에 정사(情史)를 읽어보니 이와 비슷한 이야기도 많았다. 이에 이를 추기하여 정사의 보유를 삼을까 한다.

9. 孝子朴氏傳

南有容

孝子朴氏者 名文娘, 星州人. 父壽河世祖時政丞元亨之後, 中世微淪於嶺之南. 前縣監朴某者, 家貲累千, 居達城以豪聞. 與壽河爭山訟于營門. 觀察使令星州牧查報. 壽河素剛狼, 疑觀察使與朴監有私, 大罵方伯不平心聽訟, 受姦囑, 公奪人墓地. 觀察使聞大怒, 竟掠[98]殺之也. 父既死, 惟一子尚幼, 有女二人.

其長實文娘. 父既死, 文娘日夜抱父屍, 以哭不食, 將死, 既而奮曰: "殺吾父者猶在, 而吾弟未壯, 吾死, 將以殺父之仇遺吾弱弟乎? 吾弟未壯, 吾死, 當誰殺仇?"

98) 掠(략) : 매질하다. 볼기치다

於是悉召奴婢十餘人. 文娘哭且謂曰: "此吾死之日, 而宜從我乎?" 皆哭而應曰: 諾. 於是悉聚家中鉏耰[99]田器, 以與奴婢, 爲兵. 文娘執大斧, 仰天一呼而出, 奴婢皆從, 無敢後者. 遂走上山斮朴監父塚, 兵折以手掘, 指盡落.

於是諸受兵者皆劃發其柩而燬之. 守墓者戰恐[100], 不敢爭之. 犇告朴監, 朴監立點蒼頭爲軍, 圍山, 執文娘, 磔殺之.

於是 嶺南人或右朴監, 或悲文娘之死. 右朴監者曰: "文娘不告官, 擅[101]發人父塚, 是宜死." 右文娘者曰: "文娘急於復讎, 焉知官. 其以擅爲罪也, 文娘爲罪, 朴監

99) 鉏耰(서우) : 호미와 곰방메 등 농기구

100) 戰恐(전공) : 두려워하다. 戰(전)은 戰慄(전율)의 의미

101) 擅(천) : 멋대로 하다. 마음대로 하다

亦擅殺當死." 事聞, 下本州查驗. 是時星州牧某人按其獄, 右朴監焉.

文娘已死, 其娣曾娘曰: "吾父以寃死, 吾兄爲吾父死, 吾獨生何爲?"

西入洛, 擊登聞鼓[102], 被髮韜面, 自訟父兄寃狀, 辭氣悲壯. 事下該曺, 又命吏按覈, 已而事不竟, 其弟年十餘 會星州牧. 按父獄者已罷去, 新太守至官, 兒聞星州牧過其閭, 手磨所佩刀甚銳, 伏林中, 候其至, 則抽刀擲之. 馬上穿其韡. 太守大驚, 索得兒, 問: "而何故欲刺我?" 兒乃勃然罵曰 "女按獄不平, 使父寃不伸, 是與殺吾父同也. 吾欲報仇耳." 於是太守乃大驚, 撫兒顚曰: "若所仇者 前牧

102) 등문고(登聞鼓) : 擊錚. 원통한 일이 있는 사람이 임금에게 하소연하려 할 때 거둥하는 길가에서 꽹과리를 쳐서 하문을 기다리던 일.

也, 我非若仇也." 歎息而去.

▶▶▶ 해설

이 이야기는 숙종 36년에 경북 성주에서 실제로 있었던 일을 소재로 하고 있다. 여기에서 박아무개라 한 이는 淸安 현감을 지낸 朴慶餘라는 인물인데, 박수하의 선산에 盜葬하여 山訟이 일어나고, 그로 인해 박수하가 죽음을 당하고 그 딸이 부친의 원수를 갚으려다가 도리어 죽게 되며 벌어지는 일련의 사건이 작품의 기본구조이다.

효자 박씨는 이름이 문랑(文娘)이고, 성주(星州) 사람이다. 아비는 수하(壽河)인데, 세조 때 정승인 박원형의 후손이다. 그 중간에 집안이 한미해져 영남에 내려와 살았다.

전 현감인 박아무개라는 자는 집안의 재물이 많은 사람으로 달성에 살며 부호로 이름이 났다. 수하와 산소 문제로 소송이 생겨 관아에 나아가게 되었다. 관찰사는 성주목으로 하여금 조사하여 보고하라고 했다. 수하는 평소 성질이 괄괄하여, 관찰사와 박아무개가 사적인 관계가 있는 것이라고 의심하였다. 그리하여 관찰사가 공평하지 못한 마음으로 소송을 처리하고 간사한 청탁을 받아들여 남의 묘지를 공탈한다고 크게 욕하였다. 관찰사가 듣고 매우 노하여 마침내 잡아다가 매질하여 죽였다.

아비가 죽고 나니 하나뿐인 아들은 아직 어리고, 딸 둘이 있었으니 맏이가 문랑이다. 아비가 죽자 문랑은 밤낮으로 아비의 시신을 끌어안고 곡을 하며 먹지도 않아 장차 죽으려 했다. 그러다 떨치고 일어나 말하기를 "내 아비를 죽인 자가 아직 살아 있고 내 아우는 아직 어리니 내가 죽으면 장차 아비 원수 갚는 일을 내 약한 아우에게 남겨놓는 것이 아닌가. 내 아우가 어리니 내가 죽으면 누가 원수를 죽이겠는가." 하였다. 그리고는 노비 십여 명을 불러 모아놓고 문랑이 울며 말했다. "오늘은 내가 죽는 날이다. 너희는 나를 따르겠는가?" 하니 모두 울면서 그러겠다고 하였다.

이에 집안의 호미와 가래 등 농기구를 모두 모아서 노비들에게 주며 무기로 삼게 했다. 문랑은 큰 도끼를 집어 들고 하늘을 우러러 한번 소리친 후 나서니, 노비들이 감히 뒤처지는 자 없이 모두 좇았다. 산으로 달려 올라가 박현감의 아비 묘를 깎아냈다. 도구가 부러지니 손으로 파서 손가락이 다 떨어져 나갔다. 그리고는 노비들이 달려들어 그 관을 쪼개고 불태워 버렸다.

묘를 지키던 사람은 무섭고 떨려 감히 다투지 못하고 달려가 박현감에게 알렸다. 박현감은 즉시 노복들에게 연락하여 군대를 만들어 산을 에워싼 후에 문랑을 잡아 그 자리에서 죽였다.

이에 영남 사람들은 어떤 이는 박현감을 편들고 어떤 이는 문랑의 죽음을 슬퍼했다. 박현감을 편드는 이는 말하기를 "문랑이 관에 알리지 않고 마음대로 남의 무덤을 파헤쳤으니 이는 마땅히 죽어야 한다."고 한다. 문랑을 편드는 사람은 말하기를 "문랑이 복수하기에 급한데 어찌 관을 알았겠는가? 마음대로 한 것이 죄라면, 문랑도 죄지만 마음대로 죽인 박현감도 또한 죽어야 한다."고 한다.

이 일이 나라에 보고가 되어 해당 고을에 조사를 명하였다. 이 때 성주목이 사건을 조사했는데 박현감 편을 들었다. 문랑은 이미 죽고 그 여동생인 증랑이 떨쳐 일어나 말했다."아버지는 원통하게 돌아가시고, 언니는 아버지를 위해 죽었다. 나 혼자 살아서 무엇하리." 그리고는 서울로 올라가 등문고를 쳤다. 머리를 풀어헤쳐 얼굴을 가리고 아버지와 언니의 원통한 사정을 이야기하니 말이 매우 비장하였다. 일을 다시 조사하게 되어 안핵사를 내려 보냈다.

아직 일이 끝나지 않았을 때 남동생이 열두어 살 정도 되었을 무렵이다. 그 때 아비의 사건을 조사하던 성주목은 가고 새로 태수가 와서 관에 도착하였다. 아이는 성주목이 자기 동네를 지난다는 말을 듣고 작은 칼을 예리하게 갈아서 숲에 엎드려 태수가 지나가기를 기다렸다. 그리고는 칼을 꺼내 말 위를 향해 던지니 가죽신이 뚫어졌다. 태수는 깜짝 놀라 아이를 잡아다가 무슨 까닭인지 물었다. 아이는 발끈 욕을 하며, "당신이 조사를 공평치 못하게 해서 내 아비의 원통함을 풀지 못했으니 이는 내 아비를 죽인 것과 같다. 나는 원수를 갚으려던 것뿐이다." 라 했다. 이에 태수는 매우 놀라워하며 아이의 머리를 쓰다듬으며 말했다. "너의 원수는 전임자이고 난 네 원수가 아니란다." 그리고는 탄식하며 떠나갔다.